ECKART WITZIGMANN

EUROPA KÜCHE

REZEPTE AUS ÖSTERREICH, DEUTSCHLAND, FRANKREICH, ITALIEN UND SPANIEN

FOTOS: WOLFGANG SCHARDT

Herausgegeben von der Redaktion

Kräuter, einzeln oder als Bouquet garni gebunden, spielen in den meisten Rezepten dieses Buches eine wichtige Rolle. Sie geben den traditionellen Gerichten der europäischen Länder oft ihre typische Note – und auch Eckart Witzigmann, der diese Gerichte neu interpretiert hat, schätzt in seinen Kreationen eindeutige Aromen

INHALT

PAULA BOSCH
CHEF-SOMMELIÈRE IM „TANTRIS"

Der „Jahrhundertkoch" und Deutschlands bekannteste Sommelière haben nie im Restaurant zusammengearbeitet: Als Paula Bosch 1991 vom Düsseldorfer „Victorian" ins Münchner „Tantris" wechselte, war Eckart Witzigmann bereits Chef in seinem Restaurant „Aubergine". Aber die beiden mögen sich, und wann immer Witzigmann Zeit hat, schaut er im „Tantris" vor-bei – um bei seinem Freund Hans Haas zu essen und mit Paula Bosch über die ideale Kombination von Wein und Speisen zu diskutieren. In den letzten Jahren hat Paula Bosch stets zu allen Rezepten Eckart Witzigmanns, die in der Zeitschrift DER FEINSCHMECKER veröffentlicht wurden, die passenden Weine empfohlen, aber auch für die bisher

erschienenen Bücher dieser FEIN-SCHMECKER-Edition – „Witzigmanns junges Gemüse" und „Crossover-Küche" – lieferte sie die Weintipps. Die Chef-Sommelière des „Tantris" arbeitet außerdem als Kolumnistin für die Zeitschrift WEIN GOURMET und für die „Süddeutsche Zeitung" – und auch als Buchautorin.
Bei den Weintipps zu Eckart Witzig-manns „Europa-Küche" empfiehlt Paula Bosch ihre aktuellen Weinent-deckungen aus den verschiedensten Anbauregionen der Welt, aber auch aus den Ursprungsländern der Rezepte. Trotz zwanzig Jahren Berufserfahrung: Zu manchen Gerichten fand Paula Bosch einfach keinen Wein, der harmoniert. In solchen Fällen rät sie zu Likör, Rum – oder zu frisch gezapftem Bier.

HINWEISE ZU DEN WEINPREISEN:

○ Weißwein für 8–13 Euro
○○ Weißwein für 13–80 Euro
● Rotwein für 8–13 Euro
●● Rotwein für 13–80 Euro
● Roséwein für 8–13 Euro
●● Roséwein für 13–80 Euro

Mein drittes Buch in der FEINSCHMECKER-Edition trägt zwar den Titel „Europa-Küche"; aber eben auch den Untertitel „Rezepte aus Österreich, Deutschland, Frankreich, Italien und Spanien". Eine Diskriminierung aller anderen europäischen Nationen ist mit dieser Auswahl natürlich nicht beabsichtigt. Und mir ist sehr wohl bewusst, dass von Albanien bis Zypern, also etwa in Schweden oder Belgien, Griechenland oder England, ebenfalls kostbare kulinarische Traditionen gepflegt werden – und dass man auch in diesen Ländern zu Recht stolz ist auf die Entwicklung der Esskultur in den letzten zehn, zwanzig Jahren.

Trotzdem nenne ich mein Buch „Europa-Küche". Warum? Die Küchentraditionen dieser ausgewählten Länder beeinflussen allesamt unsere heutigen Vorlieben beim Essen, man muss nur einmal die Speisenkarten der Restaurants bei uns anschauen.

AUF EUROPA!

Meine Auswahl hat aber auch persönliche Gründe: In diesen Ländern habe ich gearbeitet – mit Ausnahme Italiens. Aber Land und Leute südlich des Brenners sind ja wohl fast jedem in unseren Breiten ans Herz gewachsen, ganz klar also, dass die uns lieb gewordene italienische Küche in diesem Band ihren Platz bekommen hat.

Bei der Konzeption dieser Rezeptsammlung lagen mir auch Klassiker am Herzen, die fast schon das Zeug zu Nationalgerichten haben: Denn wie schade wäre es, wenn bald niemand mehr gute Königsberger Klopse (Seite 86) zubereiten könnte, *ossobuco* (Seite 118) oder gefüllte Paprika (Seite 42), Gazpacho (Seite 127) oder Crêpes Suzette (Seite 34). Auch einfachste Gerichte wie Heringssalat, Bohnensuppe, Tortilla oder Milchreis sind eine Offenbarung, wenn man sie sorgfältig und aus guten Zutaten kocht.

Nehmen Sie diese Rezepte also auch als Beitrag gegen das Verlernen und Vergessen von guten alten Werten.

Alles Neue entsteht nicht aus dem luftleeren Raum, sondern aus dem Vorhandenen, dem Erfahrungsschatz des Kochs. Mancher Klassiker hat mich darum auch vom ursprünglichen Weg abgebracht und zu Variationen angestiftet: Aus der Sangria wurde ein Gelee mit Erdbeeren (Seite 147), und auch die Minestrone mit Muscheln (Seite 104) ist hier nun geliert. Zum Seeigel (Seite 23) schmeckt mir eine Champagnersauce. Und warum nicht mal mit Sobrasada, Mallorcas deftiger Wurstspezialität, Schupfnudeln (Seite 143) machen?

Europa: Wie reich an schmackhaften Ideen, wie reich an kulinarischen Schätzen! Aus Getreide macht jede Nation anderes Brot, aus Milch anderen Käse. Und natürlich spielt immer auch das Klima eine Rolle beim Bestücken der Speisekammern: In Gebirgsregionen sind eher Spezialitäten entstanden, die haltbar sind und nahrhaft; in den bürgerlichen Küchen des riesigen K.u.k.-Reiches verwöhnten böhmische Köchinnen ihre Herrschaften mit opulenter, schwelgerischer Küche; und der Süden macht die Einfachheit seiner Speisen mit überwältigenden Aromen von Olivenöl und sonnengereiften Gemüsen und Früchten mehr als wett – solch eine Küche, einst aus der Not entstanden und mit leichter Hand interpretiert, ist doch heute für Feinschmecker das Nonplusultra. So ändern sich die Zeiten.

Je mehr Europa zusammenwächst, umso wichtiger wird in manchen Bereichen die Identität der Nationen werden – davon bin ich überzeugt. Auch beim Kochen. Wir Genießer werden uns nie im Leben mit einem europäischen Einheitsbrei abspeisen lassen!

Ich wünsche Ihnen mit diesem FEINSCHMECKER-Buch eine gute Reise am Herd.

Ihr
Eckart Witzigmann

FRANKREICH

Mit RAFFINESSEN französischer

Tradition eröffnet Witzigmann seine

TOUR durch die KÜCHEN

EUROPAS. Seine Rezepte, viele

davon „winterfest", sind

LECKERBISSEN für frankophile

HOBBYKÖCHE

KARTOFFELGRATIN

Schwierigkeitsgrad: leicht, Zubereitungszeit: 1 Stunde und 10 Minuten

ZUTATEN FÜR 4 PERSONEN:

1 kg geschälte, vorwiegend fest kochende Kartoffeln, Salz,
2 Essl. Butter, frisch geriebene Muskatnuss, 1 l Milch,
1 geschälte, halbierte Knoblauchzehe, 300 g Crème fraîche,
150 g geriebener Gruyère, Pfeffer aus der Mühle,
3 Essl. Butterflöckchen

Kartoffeln in 2 mm dünne Scheiben schneiden, abtupfen.
Mit Salz, Butter und etwas Muskatnuss in Milch bissfest
kochen (zwischen 2 ½ und 4 Minuten je nach Kartoffelart).
Dabei immer wieder behutsam umrühren. Milch vorsichtig
abgießen, die Kartoffeln werden leicht matschig. Ovale, flache
Auflaufform kräftig mit Knoblauch ausreiben. Crème fraîche
mit Gruyère vermischen. Mit Salz, Muskat und Pfeffer abschmecken. Die Hälfte der Kartoffeln in der Form dachziegelartig auslegen. Mit der Hälfte der Crème-fraîche-Mischung
begießen. Restliche Kartoffeln darauf ebenso anordnen
und mit übriger Crème abschließen. Die Kartoffeln sollen
knapp bedeckt sein. Mit Butterflöckchen belegen.
Im auf 190 Grad vorgeheizten Ofen 45 Minuten überbacken.

ANRICHTEN:

In der Form auf den Tisch stellen.

TIPP:

Die Menge ist als Hauptgericht gedacht, z. B. mit Salat dazu.
Als Beilage ist die Hälfte gut ausreichend.

WEINTIPPS:

○ 2000 Verget du Sud blanc, Côtes du Ventoux,
Maison Verget, Rhône, Frankreich
○○ 2000 Jurançon sec „Sève d'Automne", Domaine Cauhapé,
Südwestfrankreich

LAUCHTÜRMCHEN
MIT VERLORENEN EIERN UND GEBRATENER GÄNSELEBER

Schwierigkeitsgrad: leicht, Zubereitungszeit: 30 Minuten

ZUTATEN FÜR 4 PERSONEN:

4 Scheiben schwarze Périgord-Trüffel,
10 Essl. (150 ml) Olivenöl, 1 Essl. Balsamessig,
1 Teel. Sherryessig, 2 Essl. fein gewürfelte schwarze Trüffel,
Pfeffer aus der Mühle, 2 Essl. angeröstete Pinienkerne,
1 Essl. gedünstete grüne Lauchringe, Salz, grüner Teil von
24 dünnen (oder halbierten dicken) Lauchstangen,
4 abgezogene Längsstreifen von 1 Frühlingszwiebel,
16 Schnittlauchstängel (10–12 cm lang),
Essigwasser aus 1 l Wasser und 0,125 l Essig,
4 Eier, 4 Scheiben warme, in Butter gebratene
Gänsestopfleberscheiben à 30 g

Trüffelscheiben in 2 Essl. Olivenöl bis zur weiteren
Verwendung marinieren. Balsamessig mit Sherryessig und
Salz verrühren. 8 Essl. Olivenöl einrühren. Trüffelwürfel
hinzufügen. Mit Pfeffer würzen. Ziehen lassen. Pinien-
kerne mit Lauchringen, Salz und Pfeffer vermischen.
Grünen Lauchteil auf 8 cm kürzen. Waschen, je nach
Dicke 1–2 Minuten bissfest dämpfen. 10 Minuten
lauwarm in der Trüffel-Vinaigrette marinieren.
Lauchstangen abtropfen lassen, Vinaigrette aufheben.
Je 6 Lauchstangen bündeln, mit Frühlingszwiebelstreifen
zusammenbinden. Senkrecht auf Servierteller stellen.
Einige Schnittlauchstängel von oben hineinstecken.
Essigwasser simmern lassen, also nicht kochen.
Nacheinander 4 Eier in eine Tasse oder Suppenkelle
aufschlagen, in das heiße Wasser gleiten lassen.
4 Minuten garen, herausnehmen, in Eiswasser
abschrecken. Ausgefranste Ränder abschneiden.

ANRICHTEN:

Je ein pochiertes Ei auf ein Lauchbündel setzen.
Eine Trüffelscheibe in das Ei stecken. Lauchbündel mit
Pinienkernen und Lauchringen umlegen. Jeweils eine
Gänsestopfleberscheibe aufschneiden und daneben an-
richten. Alles mit restlicher Trüffel-Vinaigrette beträufeln.

WEINTIPPS:

● 1998 Château de Jau rouge, Château de Jau,
Roussillon, Frankreich
●● 1996 Cims de Porrera „Classic", Mas Martinet,
Priorato, Spanien

GÄNSELEBER-PARFAIT

Schwierigkeitsgrad: mittelschwer,
Zubereitungszeit: 1 ½ Stunden plus 3 Tage Marinier- und Ruhezeit

ZUTATEN FÜR 1 TERRINE (1 LITER):

1 Gänsestopfleber (etwa 800 g), 2 Teel. Salz,
3 Essl. weißer Portwein, 3 Teel. Cognac, 5 Teel. Noilly Prat,
1 Prise frisch geriebene Muskatnuss, ½ gestrichener Teel. Gänseleber-
gewürz (im Feinkostladen erhältlich), etwas Puderzucker,
12–15 blanchierte, halbierte Artischockenherzen, 1 Essl. gesalzene
Butter, 40–50 g Périgord-Trüffeln (aus dem Glas)

Gänsestopfleber sehr sorgfältig häuten, rote Adern herausziehen.
In grobe Würfel schneiden. Mit Salz, Portwein, Cognac, Noilly
Prat, Muskatnuss, Gänselebergewürz und etwas Puderzucker
mischen. In eine Porzellanschüssel füllen, mit Alufolie gut
abdecken: Es soll kein Licht an die Stopfleber kommen.
2–3 Tage kalt stellen. Am Tag der Weiterverarbeitung blanchierte
Artischockenherzen etwa 10 Minuten bei niedriger Hitze in
gesalzener Butter schmoren. (Falls Flüssigkeit fehlt,
1 Essl. Trüffel-Jus hinzufügen.) Trüffeln in dünne Scheiben hobeln.
Gänsestopfleber etwa 2 cm hoch in eine Terrinenform schichten.
Darauf eine Lage Trüffelscheiben geben. Mit Artischockenherzen
belegen. Darauf wieder eine 3 cm dicke Lage Gänsestopfleber
schichten. Mit restlichen Trüffelscheiben belegen. Darauf eine
Lage Artischocken. Mit Gänsestopfleber abschließen. Erst mit
Klarsichtfolie, danach mit Alufolie bedecken. Mit Holzbrett und
vollen Konservendosen gut beschweren, 1 Nacht im Kühlschrank
ruhen lassen. Vor dem Servieren stürzen, Messer in heißes
Wasser tauchen und Parfait damit in Scheiben schneiden.

Gänsestopfleber, Foie gras, ist in der französischen Haute
cuisine hoch geschätzt. Die frische Leber hat eine einzigartige zarte
Struktur und schmelzende Konsistenz. Sie schmeckt sanft gebraten
ebenso köstlich wie in Saucen, als Parfait oder als Füllung. Ideale
Begleiter zur Foie gras sind Portwein, Madeira oder Sauternes.

Vinaigrette und Salat:

0,15 l Walnuss- oder Haselnussöl, 0,1 l neutrales Pflanzenöl
(z. B. Sonnenblumenöl), 0,1 l Sherryessig, 3–4 Essl. Trüffel-Jus
(aus dem Glas, siehe oben), Salz, schwarzer Pfeffer aus der Mühle,
1 Essl. Zitronensaft, gehackte Trüffeln und gehackter Kerbel nach
Wahl, 2 Essl. Pinienkerne, ½ Teel. Olivenöl, 1 Msp. sehr klein
gewürfelte Trüffel, geputzte Salate und Kräuter der Saison, z. B.
Radicchio, Trevisano, Frisée, Feldsalat, Kresse, Petersilie, Kerbel

Walnussöl, Pflanzenöl, Sherryessig und Trüffel-Jus mit
3–4 Essl. kochend heißem Wasser mischen. Mit Salz, Pfeffer
und Zitronensaft würzen. Gehackte Trüffel und Kerbel
nach Geschmack hinzufügen. Pinienkerne in Olivenöl mit
Trüffelwürfelchen goldgelb anrösten.

ANRICHTEN:

Gänseleber-Parfait auf Tellern anrichten. Mit
Salatblättern und Kräutern umlegen. Mit Vinaigrette
beträufeln und mit Pinienkernen bestreuen.

WEINTIPPS:

∘ Pinot Brut, Sekt- und Weingut Winterling, Pfalz
∘∘ 1989 Château Rieussec, Sauternes, Frankreich

ZUTATEN FÜR 4 PERSONEN:

1 Bresse-Poularde (etwa 1 ½ kg), 50 g Périgord-Trüffeln (aus dem Glas),
2 Essl. Butter, Salz, schwarzer Pfeffer aus der Mühle,
1 Bund geputzte glatte Petersilie, ½ ungespritzte Zitrone,
1 ungeschälte Knoblauchzehe,
1 Bouquet garni (aus Lorbeer, Thymian und Petersilie),
etwa 2,5 l kräftiger Geflügelfond, 8 geputzte Karotten,
4 geschälte Navetten, 2 geputzte Lauchstangen, 2 Sellerieherzen,
1 rote, mit 1 Lorbeerblatt und 3 Gewürznelken gespickte Zwiebel,
2 geschälte kleine weiße Zwiebeln, 0,5 l Crème fraîche,
6 Essl. Trüffelfond, 1 Prise Cayennepfeffer, 1 Spritzer Zitronensaft,
1 Essl. durch ein Sieb gestrichenes Gänseleber-Parfait,
1–2 Teel. Madeira, grober Pfeffer, 100 g Poulardenleber,
Estragonblättchen als Garnitur

Poularde auswaschen und trockenreiben.
Wenn vorhanden, Krallen abschneiden, wegwerfen. Füße kurz in heißes
Wasser tauchen, Haut abziehen. Flügelspitzen abschneiden.

Périgord-Trüffeln dünn abschälen, Schale
hacken, kalt stellen. Trüffelfond aufbewahren.
Trüffeln in 8 gleichmäßige Scheiben schneiden,
kurz in ½ Essl. Butter wenden. Mit eingeöltem
Mittel- und Zeigefinger von der Halsöffnung
aus die Haut der Poularde vorsichtig von der
Brust lösen und je 2 Trüffelscheiben bei Brust
und Keulen unter die Haut schieben. Poularde
innen salzen, pfeffern, mit Petersilie füllen.
Fachgerecht zusammenbinden. Außen mit einer
halbierten Zitrone einreiben. Poularde in einen
passenden Topf setzen. Knoblauch und Bouquet
garni einlegen. Bis knapp über die Keulen etwa
2,5 l kräftigen Geflügelfond angießen. Schnell
zum Aufkochen bringen, zugedeckt 25 Minuten
köcheln lassen. Karotten, Navetten, Lauch,
Sellerieherzen, rote und weiße Zwiebeln hinzufügen. Weitere 20 Minuten köcheln lassen.
Gemüse und Poularde herausnehmen, Haut der
Poularde entfernen, Trüffelscheiben klein
hacken. Poularde auslösen, in Stücke schneiden.
½ l Geflügelfond auf 2–3 Essl. einkochen.
Crème fraîche, Trüffelfond, Cayennepfeffer,
Zitronensaft und Gänseleber-Parfait hinzufügen.
Mit einem Pürierstab aufmixen. Trüffeln aus der
Poularde hinzufügen. Gehackte Trüffelabfälle
etwa ½ Minute in ½ Essl. Butter anschwitzen.
Mit Madeira ablöschen. In die Sauce geben.
Mit Salz und Pfeffer abschmecken. Poularden-
lebern in einer Pfanne kurz in 1 Essl. Butter
anbraten, mit Salz und grobem Pfeffer würzen.

ANRICHTEN:

Aufgeschnittenes Poulardenfleisch auf
Tellern anrichten. Gemüse und gewürzte
Leber anlegen. Mit der Sauce
überziehen, mit Estragon bestreuen.

WEINTIPPS:

○ 2001 Weißer Burgunder Qualitätswein trocken,
Wittmann, Rheinhessen
○○ 2000 „Tiglat" Chardonnay, Velich,
Neusiedlersee, Österreich

Über kochendem Wasser 40 Minuten garen. Tauben aus den Blasen nehmen, Saft auffangen. Tauben enthäuten. Brust und Keulen auslösen. Saft mit kalter Butter aufschlagen.

Artischocken:
8 frische Artischockenböden, 0,4 l Geflügelfond,
120 g geputzte Piu-Piu- oder Shiitake-Pilze,
2 Essl. Olivenöl, Salz, Pfeffer aus der Mühle, gezupfter Kerbel,
grob zerstoßener Pfeffer, grobes Meersalz

Artischockenböden im Geflügelfond 15–20 Minuten gar ziehen lassen. Herausnehmen. Fond durch ein Sieb geben, etwas einkochen. Pilze in Olivenöl dünsten, mit den Böden in den Fond geben. Salzen und pfeffern, kurz ziehen lassen.

ANRICHTEN:

Pilze und Artischockenböden in eine flache Schale geben. Ausgelöste Tauben darauf legen. Mit aufgeschlagenem Taubenfond begießen. Mit grobem Salz, Pfeffer und Kerbel bestreuen.

WEINTIPPS:

● 2000 Roigenc Rosado, Celler Capafons-Ossó, Tarragona, Spanien
●● 1998 Rovaio IGT, La Lastra, Toskana, Italien

BRESSE-TAUBE AUS DER SCHWEINSBLASE MIT ARTISCHOCKEN

Schwierigkeitsgrad: schwer,
Zubereitungszeit: 1 ¹/₂ Stunden plus diverse Ruhezeiten

ZUTATEN FÜR 4 PERSONEN:

Schweinsblasen vorbereiten:
2 frische Schweinsblasen (beim Metzger bestellen),
3 Essl. grobes Meersalz, Salz zum Abreiben

Schweinsblasen mit grobem Meersalz in 3 l Wasser eine Nacht wässern. Danach 30 Minuten in lauwarmes Wasser legen. Prall aufblasen. Mit Küchengarn zubinden. 1–2 Tage aufgehängt trocknen lassen. Wenn sich die Blasen ledrig anfühlen, Luft herauslassen, 1 Stunde in lauwarmes Wasser legen. Mit Salz abreiben, um den Eigengeruch weiter zu mildern.

Tauben:
2 küchenfertige Bresse-Tauben, Salz, Pfeffer aus der Mühle,
je 4 Teel. Cognac, Madeira und Trüffelfond, 20 g Gänsestopf-
leber, Meersalz, etwas Olivenöl, 2 Essl. kalte Butterflöckchen

Tauben salzen, pfeffern. Innen mit je 1 Teel. Cognac, Madeira und Trüffelfond einstreichen. Je 10 g Gänsestopfleber und 1 Prise Meersalz in die Tauben füllen. Flügel und Keulen eng an den Körper binden. Tauben in die vorbereiteten Schweinsblasen schieben (evtl. mit Öl einreiben, damit sie besser rutschen). Restlichen Alkohol und Trüffelfond mit etwas Meersalz in die Blase zu den Tauben geben. Blasen prall aufblasen und mit Küchengarn gut zubinden. Blasen in einen Dämpfeinsatz hängen (oder an einen Kochlöffel, der in den Topfinnenrand geklemmt wird). Deckel auflegen.

Artischocken, die edlen Verwandten der gemeinen Distel, liefert vor allem die Bretagne in die französischen Küchen. Frische Exemplare haben geschlossene, fleckenlose Köpfe und fest sitzende Stiele. Unter den dicken Blättern befindet sich der leckere Artischockenboden.

GEFÜLLTES BRESSE-PERLHUHN MIT CHICORÉE

Schwierigkeitsgrad: mittelschwer, Zubereitungszeit: 2 Stunden

ZUTATEN FÜR 4 PERSONEN:

Sauce:

*500 g Hühnerklein, je 50 g klein geschnittene Schalotten
und Sellerie, 30 g geviertelte Champignons, 3 Essl. Butter,
2 Essl. Madeira, 4 Essl. Kalbsjus, 1 klein geschnittenes
Lorbeerblatt, 1 abgezogene Knoblauchzehe, 1 Thymianzweig,
3 Gewürznelken, 0,3 l Geflügelfond, Salz, Pfeffer aus der Mühle,
2 Essl. kalte Butter zum Aufschlagen*

Hühnerklein, Schalotten, Sellerie und Champignons separat
10 Minuten in Butter anbraten. Alles wieder in die Pfanne
geben, mit Madeira ablöschen, 15 Minuten schmoren.
Kalbsjus hinzufügen, Lorbeer, Knoblauch, Thymian und
Gewürznelken einlegen, Geflügelfond angießen. 1 Stunde
köcheln. Durch ein Sieb passieren. Salzen und pfeffern.
Vor dem Servieren Bratensaft vom Perlhuhn zufügen, mit
kalten Butterflöckchen aufschlagen.

Perlhuhn:

*1 Essl. Butter, 2 Stücke Würfelzucker,
50 g geschälte, frische Maronen, 3 Essl. Kalbsfond,
70 g gewürfelte Brioche, 4 Essl. Butterschmalz,
200 g geschälte, entkernte, gewürfelte Äpfel, 1 Teel. Zitronensaft,
90 g gewürfelte Champignons, 1 kleine, fein gehackte Schalotte,
1 kleine, fein gewürfelte Stange Staudensellerie,
80 g gewürfeltes Gänsestopfleber-Parfait oder frische
Gänsestopfleber, Salz, 1 küchenfertiges Bresse-Perlhuhn
(etwa 1,8 kg), 3–4 Essl. flüssige Butter, 4 große, ganze,
ungeschälte Schalotten, 1 ungeschälte Knoblauchzehe*

Butter erhitzen, Würfelzucker darin hell karamellisieren.
Maronen darin glasieren. Kalbsfond und 0,1 l Wasser angießen, Maronen 30 Minuten garen, aus dem Fond nehmen,
halbieren. Brioche-Würfel in 2 Essl. heißem Butterschmalz
schwenken. Auf Küchenpapier entfetten. Apfelwürfel mit
Zitronensaft beträufeln. 2 Minuten in 1 Essl. heißem Butterschmalz schwenken. Champignons mit den Schalottenwürfeln

in 1 Essl. heißem Butterschmalz 2–3 Minuten anbraten.
Maronen, Brioche, Äpfel, Champignons, Schalotte, Sellerie
und Gänsestopfleber mischen. Mit Salz abschmecken.
In das Perlhuhn füllen. Perlhuhn zunähen. Flügel und
Keulen an den Körper binden. Salzen. Mit flüssiger Butter
bestreichen. Mit ungeschälten Schalotten und Knoblauch
in den 160 Grad warmen Ofen schieben. Auf jeder
Keulenseite 25 Minuten garen, auf den Rücken drehen,
weitere 10 Minuten garen. Zwischendurch mit
Bratensaft begießen. Am Ende der Garzeit 30 Minuten
warm ruhen lassen. Schalotten aus den Schalen drücken.

Chicorée:

*4 geputzte Chicorée, Salz, 2 Essl. flüssige Butter,
1 Spritzer Zitronensaft, 4 Essl. Mehl, 2 Essl. Pflanzenöl,
2 Essl. Butter, Puderzucker zum Bestreuen,
1–2 Essl. blanchierte, fein geschnittene Schale von
unbehandelten Orangen*

Chicorée mit Salz, flüssiger Butter und Zitronensaft in
hitzebeständige Küchenfolie einschweißen oder in einen
Plastikbeutel legen und zubinden. 40 Minuten in 90 Grad
heißem Wasser gar ziehen lassen. Herausnehmen, längs
halbieren, Wurzelansätze herausschneiden. Die Hälften
kurz in Mehl wenden, überschüssiges Mehl abschütteln.
Salzen. Öl und Butter erhitzen. Chicorée auf den
Schnittflächen 3–4 Minuten braten. Gesiebten Puderzucker aufstreuen, wenden. Weitere 4 Minuten
braten, Orangenschale dazugeben und oft begießen.

ANRICHTEN:

Perlhuhn mit Chicorée und Schalotten auf
einer Platte anrichten. Sauce extra reichen.

WEINTIPPS:

● 2000 Morellino di Scansano, Erik Banti,
Toskana, Italien
●● 1994 Il Caberlot, Podere Il Carnasciale,
Toskana, Italien

SALAT MIT ENTEN-CONFIT
UND GERÄUCHERTER ENTENBRUST

Schwierigkeitsgrad: leicht, Zubereitungszeit: 2 ¹/₂ Stunden plus 24–36 Stunden Marinierzeit

ZUTATEN FÜR 4 PERSONEN:

Enten-Confit:

4–6 Entenkeulen, 1 halbierte Knoblauchzehe,
grobes Meersalz (22 g pro 500 g Fleisch),
Blättchen von 2 Thymianzweigen,
2 grob geschnittene frische Lorbeerblätter,
3–4 grob zerkleinerte Gewürznelken,
1 Essl. zerstoße Pfefferkörner,
1,5–2 kg Enten- oder Schweineschmalz,
2–3 ganze Lorbeerblätter zum Garnieren

Entenkeulen mit Knoblauch, dann mit Meersalz einreiben. Anschließend Thymian, Lorbeer, Gewürznelken und Pfefferkörner einmassieren. Zugedeckt 24–36 Stunden im Kühlschrank marinieren. Gewürze von den Keulen abstreifen. Schmalz mit 100 ml Wasser auf 80 Grad vorheizen. Keulen einlegen und bei gleich bleibender Temperatur (Thermometer) etwa 1 Stunde und 50 Minuten garen. Schaum abschöpfen. Fleisch herausnehmen. Mit einer Nadel einstechen: Läuft klarer Fleischsaft aus, sind die Keulen fertig. Fett durch ein Sieb gießen. Fett und Fleisch in eine Terrine mit Deckel schichten. Das Fleisch sollte überall von Fett umgeben sein und nicht an den Rändern anstoßen. Mit Lorbeer garnieren. Im Kühlschrank etwa 5 Monate haltbar.

Vinaigrette:

1 Essl. Sherryessig, Salz, Pfeffer aus der Mühle,
1 Teel. fein gewürfelte Schalotte, 2 Essl. Nussöl,
1 Essl. Maiskeimöl

Sherryessig mit Salz, Pfeffer und Schalottenwürfeln verrühren. Nuss- und Maiskeimöl einrühren.

Salat:

je 3–4 Blätter von geputzter Rauke, Löwenzahn, Frisée,
Feldsalat, je 1–2 Essl. gezupfte Blätter von Petersilie, Kerbel
und jungem Sellerie, 3–4 gezupfte Estragonblättchen,
250–300 g gekochte, geschälte und in Scheiben geschnittene
Pellkartoffeln (La Ratte oder Grenaille), 2 Essl. Olivenöl,
1 ungeschälte Knoblauchzehe, 1 Thymianzweig, Salz,
1 halbierter geputzter Chicorée, 1 Essl. Butter,
1 Teel. Puderzucker, 1 mittlere in 2–3 mm dicke
Scheiben geschnittene Périgord-Trüffel,
200 g geräucherte Entenbrust in Scheiben,
etwa 50 g Trauben und Walnusskerne als Garnitur

Blattsalate und Kräuter durch die Vinaigrette ziehen. Pellkartoffelscheiben in Olivenöl sanft anbraten. Knoblauchzehe und Thymian hinzufügen. Salzen. Chicorée in Butter, Salz und Puderzucker karamellisieren.

Entenkeulen aus dem Schmalz nehmen und auf der Haut auf kleiner Flamme in etwa 5–7 Minuten kross braten, in Stücke zerlegen. Trüffelscheiben im Bratfett schwenken.

ANRICHTEN:

Marinierten Salat und Kräuter auf vier Teller verteilen. Kartoffelscheiben, Chicorée, Entenkeulenstücke und Entenbrustscheiben darauf anrichten. Mit Trüffelscheiben, Trauben und Walnüssen dekorieren.

WEINTIPPS:

○ 2001 Untertürkheimer Herzogenberg Grauburgunder Qualitätswein trocken, Hans-Peter Wöhrwag, Württemberg
●● 1997 Providence, Providence Vineyards-James Vuletic, Auckland, Neuseeland

CIVET DE LIÈVRE (WILDHASENRAGOUT) MIT POLENTA

Schwierigkeitsgrad: leicht,
Zubereitungszeit: 2 Stunden plus 1 Tag Marinierzeit

ZUTATEN FÜR 4 PERSONEN:

Marinade (am Vortag):

3 frische Lorbeerblätter, je 1 Thymian-, Rosmarin-, Minze- und
Oreganozweig, je 5 Gewürznelken und Pimentkörner,
1 Zimtstange, 1 fein gewürfelte kleine Zwiebel,
2 angedrückte ungeschälte Knoblauchzehen,
je 1 fingernagelgroßes Stück unbehandelte Orangen- und
Zitronenschale, 10 zerdrückte schwarze Pfefferkörner,
3 Essl. Olivenöl, 50 g gewürfelte Karotte,
60 g gewürfelter Knollensellerie, 2 geschälte, halbierte Zwiebeln,
0,25 l kräftiger junger Rotwein (z. B. Syrah),
1,5–1,8 kg Wildhasenkeulen (in 2–3 Stücke geteilt)

Zutaten für die Marinade mischen, Wildhasenkeulen
darin über Nacht einlegen. Herausnehmen, trockentupfen
und die Marinade aufbewahren.

Ragout:

marinierte Hasenkeulen, Salz, Pfeffer, Mehl zum Mehlieren,
9 Essl. Olivenöl, 200 g in fingerlange Streifen geschnittener,
blanchierter Bauchspeck, 280 g geschälte Perlzwiebeln,
1 Essl. Puderzucker, 3 Essl. Butter, 2 Essl. Cognac,
3–4 Essl. roter Portwein, Hasenmarinade,
0,5 l Wildhasen-, Wild- oder Geflügelfond,
2 Essl. Schweineblut (beim Metzger vorbestellen; ersatzweise
1 Essl. Mehlbutter, aus gleichen Teilen Mehl und Butter),
280 g geputzte Champignons

Hasenkeulen salzen, pfeffern und in Mehl wenden.
In 5 Essl. heißem Olivenöl rasch hellbraun anbraten.
Auf Küchenkrepp entfetten. 2 Essl. Olivenöl in die gleiche
Pfanne geben. Bauchspeck darin etwa 5 Minuten braten.
Herausnehmen. Perlzwiebeln in das Bratfett geben, mit
Puderzucker bestäuben. Etwa 15 Minuten bei niedriger Hitze
glasieren. Herausnehmen. 2 Essl. Butter in die gleiche
Pfanne geben. Hasenkeulen einlegen. Marinade durch ein Sieb
gießen. Die festen Teile der Marinade zu den Hasenkeulen
geben, mitbraten. Nach 20 Minuten mit Cognac und
Portwein ablöschen, einkochen. Nach und nach jetzt die
Marinade angießen, immer wieder verkochen lassen.
Mit Salz und Pfeffer würzen. Nach insgesamt 60 Minuten
Garzeit Fleisch mit Wildfond bedecken, etwa 20 Minuten
leicht köcheln lassen. Fleisch herausnehmen. Sauce durch ein
Sieb gießen. Feste Teile mit einem Löffelrücken durch das
Sieb drücken. Sauce und Fleisch zurück in die Pfanne geben.
Mit Schweineblut oder Mehlbutter andicken. In einer
zweiten Pfanne 2 Essl. Olivenöl erhitzen. Champignons darin
anbraten. 1 Essl. Butter, Bauchspeck und Perlzwiebeln
hinzufügen. Abschmecken.

Polenta:

0,6 l Milch, 2 Lorbeerblätter, ¼ geschälte Knoblauchzehe,
80 g Salzbutter, 200 g Polentagrieß, 0,2 l Geflügelbrühe, Salz

Milch mit Lorbeer und Knoblauch langsam aufkochen,
30 Minuten ziehen lassen. Lorbeer und Knoblauch entfernen.
Butter hinzufügen. Polenta unter ständigem Rühren einrieseln
lassen. Geflügelbrühe dazugeben. Mit Salz abschmecken.
Bis zu 20 Minuten unter ständigem Rühren quellen lassen, bis
sich die Masse vom Topfboden löst.

ANRICHTEN:

Hasenkeulen in einer flachen Schüssel anrichten.
Mit Pilz-Zwiebel-Gemüse umlegen. Speck anlegen.
Fleisch mit Sauce begießen. Polenta extra reichen.

WEINTIPPS:

● 2000 Dayman Tannat, Castel La Puebla, Uruguay
●● 1998 Sagrantino di Montefalco „Colle Piano",
Arnaldo Caprai, Umbrien, Italien

WILDENTEN-MOUSSE

Schwierigkeitsgrad: mittelschwer, Zubereitungszeit: 1 ½ Stunden plus Ruhezeit

ZUTATEN FÜR 1 TERRINE:

2 Wildenten, 3–4 Essl. Öl, 1 klein gewürfelte Zwiebel, 2 gewürfelte Karotten, 80 g gewürfelter Knollensellerie, 1 Säckchen mit 1 Lorbeerblatt, 6 Wacholderbeeren und 2 Nelken, je 1 Teel. Rosmarin- nadeln und Thymianblättchen, 0,125 l Portwein, 40 ml Cognac, 0,5 l Rotwein, 0,5 l Wildentenfond, Salz, Pfeffer aus der Mühle, 150 g fein passiertes Gänseleber-Parfait, 4 Blatt eingeweichte, gut ausgedrückte Gelatine, 250 g geschlagene Sahne

Wildenten auslösen. Fleisch in kleine Würfel schneiden. In Olivenöl mit Zwiebeln, Karotten und Knollensellerie anbraten. Gewürzsäckchen und Kräuter hinzufügen. Mit Portwein und Cognac ablöschen. Ganz einkochen. Die Hälfte des Rotweins angießen, einkochen. Restlichen Rotwein in 2–3 Portionen angießen, jedes Mal einkochen. Fond hinzufügen, salzen, pfeffern. 45–55 Minuten ohne Deckel leicht köcheln lassen. Gewürzsäckchen entfernen. Die Masse sollte feucht genug zum Pürieren bleiben. Im Cutter oder mit einem Handmixer pürieren. Durch ein Sieb streichen. 500 g auswiegen. Gänseleber-Parfait hinzufügen. Gelatine tropfnass in einen Topf geben, auflösen und in die Masse einrühren. Sahne unterheben. Alle Zutaten sollten etwa die gleiche Temperatur haben. In eine Terrinenform füllen, 30 Minuten kalt stellen.

Gelee:

0,2 l dunkler Wildfond, 2 zerstoßene Wacholderbeeren, 1 Blatt eingeweichte, gut ausgedrückte Gelatine

Wildfond mit Wacholderbeeren erhitzen, Gelatine einrühren. Erkalten, aber nicht fest werden lassen. 1–2 cm dick auf die Mousse auftragen. Über Nacht im Kühlschrank zugedeckt kalt stellen.

Weitere Zutaten pro Person als Beilage:
1 Essl. Butter, 1 Stück Würfelzucker, 1 ungeschälte Apfel- scheibe ohne Gehäuse, 1 Teel. Apfelgelee oder Apfel-Quitten- Gelee, 1 getoastete Scheibe Brioche, 1 Scheibe Trüffel

Butter erhitzen, Zucker darin karamellisieren. Apfel- scheibe von jeder Seite etwa 1 Minute anbraten. Heraus- nehmen, Apfelgelee in die Gehäuseöffnung füllen.

ANRICHTEN:

Brioche auf Teller legen, darauf die Apfelscheibe. Mit in heißes Wasser getauchten Löffeln Nocken aus der Mousse abstechen. Auf die Apfelscheibe setzen. Trüffelscheibe anlegen.

WEINTIPPS:

• 1999 Agramont Tempranillo, Bodegas Principe de Viana, Navarra, Spanien
•• 1999 Mitis Amigne de Vétroz, Bon Père Germanier, Wallis, Schweiz

CREVETTEN MIT SEEHECHT-BÄCKCHEN

Schwierigkeitsgrad: leicht, Zubereitungszeit: 45 Minuten

ZUTATEN FÜR 4 PERSONEN:

*8 Crevetten in der Schale, je 1 Essl. fein gewürfelte Karotten,
Schalotten, Staudensellerie, 1 fein gewürfelte Knoblauchzehe,
5 Essl. Olivenöl, 4–6 zerdrückte Pfefferkörner,
1 Thymianzweig, ½ Estragonzweig, 1 Teel. Tomatenmark,
1 Essl. Cognac, 0,1 l Weißwein, 2 Essl. Noilly Prat,
0,3 l Fischfond, Salz, 3 Essl. leicht geschlagene Sahne,
8 Seehechtbäckchen (ersatzweise Kabeljau- oder Seeteufel-
Bäckchen oder Schellfischfilets; insgesamt 240 g),
Saft von ½ Zitrone, 1 Ei, Pfeffer aus der Mühle,
2 Essl. Mehl, 20 blanchierte grüne Spargelspitzen*

Crevetten bis auf das Schwanzstück aus den Schalen lösen,
2 Minuten blanchieren, beiseite stellen. Schalen mit
gewürfeltem Gemüse und Knoblauch in 2 Essl. Olivenöl
anrösten. Pfefferkörner, Thymian und Estragon hinzufügen.

Tomatenmark einrühren, 1 Minute mitbraten. Mit Cognac,
Weißwein und Noilly Prat ablöschen, etwas einkochen lassen.
Fischfond angießen, etwa auf die Hälfte einkochen.
Durch ein Sieb geben, abschmecken. Vor dem Servieren Sahne
hinzufügen, aufschäumen. Seehechtbäckchen mit Zitrone
beträufeln. Ei mit 1 Essl. Olivenöl, Salz und Pfeffer verquirlen.
Dann den Fisch in Mehl wälzen, durch die Eimischung ziehen
und in den restlichen 2 Essl. Olivenöl knusprig braten.

ANRICHTEN:

Je zwei Crevetten, zwei Seehecht-Bäckchen und fünf Spargelspitzen in einer vorgewärmten Schale mit Sauce überziehen.

WEINTIPPS:

○ 2001 Heitersheimer Maltesergarten Gutedel Kabinett
trocken, Josef Walz, Baden
○○ 1998 Hochheimer Kirchenstück Riesling Auslese trocken,
Franz Künstler, Rheingau

SUPRÊME VOM KABELJAU MIT LINSEN UND SENFSAUCE

Schwierigkeitsgrad: mittelschwer, Zubereitungszeit: 1 Stunde

ZUTATEN FÜR 4 PERSONEN:

Linsengemüse:

*100 g grüne Linsen (lentilles vertes du Puy),
2 Essl. gewürfelter Bauchspeck (nicht zu mager),
1 Essl. fein gewürfelter Knollensellerie, 1 Essl. fein gewürfelte
Zwiebel, 1 Essl. fein gewürfelte Karotte, 1 Essl. fein gewürfelte
Schalotte, 1 Bouquet garni (Petersilie, Thymian, Estragon),
1 mit Lorbeerblatt und 2 Nelken gespickte Schalotte,
0,3 l Fond oder Wasser, 4 Essl. kräftiger Geflügelfond,
1 sehr fein gewürfeltes Cornichon, 1 Msp. Tomatenmark,
1 Prise geriebene Zitronenschale, 1 Spritzer Balsamessig,
2 Stück Würfelzucker, 2 Essl. Butter, 1 in Stücke geschnittene
Karotte, Salz, 150 g geschälte Perlzwiebeln*

Linsen kurz blanchieren, abgießen. Bauchspeck auslassen.
Knollensellerie, Zwiebel, Karotte und Schalotte etwa 5 Minuten
mit andünsten. Linsen, Bouquet garni sowie gespickte
Schalotte hinzufügen. Fond oder Wasser angießen, Linsen in
etwa 20–25 Minuten weich kochen lassen. Bouquet garni und
Schalotte herausnehmen. Geflügelfond zufügen, etwa 5 Minuten
einkochen. Mit gewürfelter Cornichon, Tomatenmark,
Zitronenschale und Balsamessig würzen. Je 1 Stück Würfelzucker
mit 1 Essl. Butter in je einem Topf karamellisieren. In einen
Topf die Karottenstücke geben, kurz glasieren, knapp mit Wasser
bedecken, salzen, etwa 10 Minuten garen. In einem anderen die

Perlzwiebeln glasieren, 2–3 Essl. Wasser hinzufügen, salzen.
Mit gebuttertem Pergament abdecken. Etwa 12 Minuten garen.
Am Ende der Garzeiten Karotten und Zwiebeln mischen.

Senfsauce:

*3 fein gehackte Schalotten, 6 Essl. Weißweinessig,
6 Essl. Weißwein, 2 Essl. Sahne, 2 Teel. feiner mittelscharfer
Dijonsenf, ½ Essl. grober scharfer Dijon-Senf,
6 Essl. geschlagene Sahne, Salz, Pfeffer aus der Mühle*

Schalotten in Essig und Wein aufkochen, fast ganz reduzieren.
Sahne hinzufügen, etwas einkochen. Durch ein Sieb geben.
Senfsorten einrühren, Schlagsahne unterziehen. Mit Salz und
Pfeffer würzen.

Kabeljau:

*2 Rückenfilets vom Kabeljau mit Haut à 450 g, Salz,
4 Essl. Öl, 2 Essl. Butter, 4 hauchdünne Scheiben
mild geräucherter Bauchspeck, 1–2 Essl. Schnittlauchröllchen*

Haut der Kabeljau-Filets mit einem Messer rautenförmig
einritzen. Filets salzen. Auf der Hautseite im heißen Öl
etwa 5 Minuten braten. Wenden, weitere 3 Minuten braten.
Butter hinzufügen, Filets mit der Öl-Butter-Mischung
begießen. Speckstreifen zufügen, knusprig braten.

ANRICHTEN:

Kabeljau-Filets auf eine Platte legen. Mit Linsengemüse
umlegen. Speckstreifen auf dem Fisch anrichten.
Perlzwiebel-Karotten-Gemüse anlegen. Mit Schnittlauchröllchen bestreuen. Senfsauce extra reichen.

WEINTIPPS:

● 2000 Knipser Rosé Qualitätswein trocken,
Knipser-Johannishof, Pfalz
∞ 2000 Tokay Pinot gris Réserve, F. E. Trimbach,
Elsass, Frankreich

Linsen gibt es weit mehr als 50 verschiedene Sorten, die feinste
und aromatischste kommt aus Puy in der Auvergne. Die dünnhäutigen
lentilles vertes du Puy müssen nicht in Wasser eingeweicht werden.
Es reicht, sie vor der eigentlichen Zubereitung kurz zu blanchieren.

SEEIGEL MIT
CHAMPAGNERSAUCE

Schwierigkeitsgrad: mittelschwer, Zubereitungszeit: 1 ½ Stunden

ZUTATEN FÜR 4 PERSONEN:

12 Seeigel (beim Fischhändler vorbestellen),
1 Essl. fein gewürfelte Schalotten, 1 Essl. Butter,
2–3 Essl. Weißwein, 2–3 Essl. Noilly Prat, 0,1 l milder Fischfond,
24 Gilardeau-Austern (wahlweise andere fines de claire),
0,125 l Crème double, 2 Essl. Champagner, Salz,
1 Msp. Cayennepfeffer, 1 Msp. Curry, 1 Spritzer Zitronensaft,
1 Teel. in Streifen geschnittene Basilikumblättchen,
12 dünne Vollkornbrotdreiecke von 3 cm Kantenlänge,
3 Essl. kalte gehobelte Salzbutter, Seealgen als Dekoration

Rund um die kleine Öffnung herum mit einer spitzen Schere
einen Deckel herausschneiden. (Der Deckel wird nicht mehr
gebraucht.) Saft abgießen. Roten Seeigelrogen mit einem
Perlmuttlöffel ausschaben. Kalt stellen. Seeigelkörper sauber
ausspülen. Bei 50 Grad 20 Minuten im Backofen trocknen.
Schalotten in Butter anschwitzen, mit Weißwein und
Noilly Prat ablöschen. Fischfond angießen. Austern öffnen
und auslösen, Saft und Bart in die Sauce geben, die flachen
Austernschalen aufbewahren. Sauce auf 4 Essl. (60 ml)
Flüssigkeit einkochen. Crème double hinzufügen, kurz aufkochen. Mit Champagner, Salz, Cayennepfeffer und Curry
würzen. Mit Zitronensaft abschmecken. 10–15 Minuten bei
niedriger Temperatur köcheln lassen. Durch ein Sieb in einen
zweiten Topf passieren. Vor dem Servieren wieder erhitzen.

Seeigel gelten nicht nur in Frankreich als Leckerbissen. Die Tiere
werden auf der Unterseite aufgeschnitten, die Eingeweide heraus-
getrennt und der rote *corail* ausgekratzt. Den eventuell vorhandenen,
nach Meer schmeckenden Rogen schätzen Gourmets besonders.

Für etwa 1 Minute die Austern hineingeben, leicht steif
werden lassen. Basilikumblätter einschwenken. Brotdreiecke
mit gehobelter Butter und Seeigelrogen belegen.

ANRICHTEN:

Je zwei Austern mit etwas Sauce in einem Seeigel anrichten.
Pro Teller drei Seeigel auf je eine Austernschale stellen, drei
Vollkornecken anlegen. Mit Seealgen garnieren.

TIPP:

Seeigel muss man im Fachgeschäft vorbestellen.
Häufig gibt es sie nur in größeren Mengen.
Zum Verarbeiten benötigt man nicht unbedingt einen
Handschuh, sie sehen stacheliger aus, als sie sind.

WEINTIPPS:

○ Weißburgunder Extra Brut, Bergdolt, Pfalz
○○ 1990 Champagne Dom Ruinart Blanc de Blancs,
Champagne, Frankreich

GERÖSTETER HUMMER MIT SCHWARZWURZELN

Schwierigkeitsgrad: leicht, Zubereitungszeit: 45 Minuten

ZUTATEN FÜR 4 PERSONEN:

*je 6 Essl. fein gewürfelte Karotte, Teltower Rübchen und
Knollensellerie (Röstgemüse), 2 klein gewürfelte Schalotten,
1 Bouquet garni (aus 1 Lorbeerblatt und 1 Thymianzweig),
4 Essl. Butter, 3 Essl. Cognac, 0,4 l Weißwein,
8 abgezogene, entkernte Kirschtomaten (oder Eiertomaten),
2–3 Teel. Estragonblättchen, Salz, Pfeffer aus der Mühle,
4 geschälte, in 1 cm lange Stücke geschnittene Schwarzwurzeln,
2 – wenn möglich weibliche – lebende bretonische Hummer à 450 g,
2 Essl. Olivenöl, 4 angedrückte ungeschälte Knoblauchzehen*

Röstgemüse, Schalotten und Bouquet garni in 2 Essl. Butter
andünsten. Mit Cognac und Weißwein ablöschen. Kirschtomaten
und 1 ½ Teel. Estragonblättchen hinzufügen. Mit Salz und
Pfeffer würzen. Etwa 10–15 Minuten leicht einkochen lassen.
Bouquet garni entfernen. Schwarzwurzelstücke längs halbieren.
In 2 Essl. Butter etwa 10 Minuten bei niedriger Hitze dünsten.
In ein Sieb geben, abtropfen lassen. Hummer mit dem Kopf voran
für 2 Minuten in sprudelnd kochendes Wasser geben. Herausnehmen. Scheren abbrechen und 1 Minute nachgaren. Schwanz-

stück und Kopf trennen. Kopf auf der Oberseite mit
einem scharfen Messer längs halbieren. Magen und dunkle
Innereien entfernen. Scheren mit einem schweren Messer
anschlagen. Schwanz aus dem Panzer nehmen, quer in
4 Medaillons teilen. Olivenöl in einer großen Pfanne
erhitzen. Hummerköpfe und -scheren sanft darin anbraten.
Nach 1 Minute Medaillons und Knoblauchzehen
hinzufügen. Abgetropfte Schwarzwurzeln hinzufügen.
Insgesamt 3–4 Minuten garen.

ANRICHTEN:

Hummerköpfe, Scheren und Medaillons auf einer Platte
verteilen. Schwarzwurzeln und Gemüsesauce hinzufügen.
Mit restlichen Estragonblättchen verzieren.

WEINTIPPS:

○ 2001 Château Thieuley Blanc sec, Bordeaux, Frankreich
○○ 1997 Twisted and Bent, Sine Qua Non-Krankl,
Kalifornien, USA

DÉLICE VOM STEINBUTT
MIT KRÄUTERFÜLLUNG

Schwierigkeitsgrad: mittelschwer,
Zubereitungszeit: 1 Stunde und 15 Minuten

ZUTATEN FÜR 4 PERSONEN:

1 Steinbutt (etwa 1,4 kg), Salz, schwarzer Pfeffer aus der Mühle, Saft von 1 Zitrone, 200 g gut gekühltes Steinbuttfilet mit Haut, 2 Eiweiß, 200 g Sahne, 60 g fein gehackte gemischte Kräuter (Dill, Estragon, Kerbel, Petersilie, Schnittlauch, Blätter von jungem Sellerie), 1 Msp. Cayennepfeffer, 1 Stück gebutterte Alufolie, 4 Essl. Olivenöl, 4 Essl. Butter, etwa 0,1 l Weißwein, 2 Essl. gehackte glatte Petersilie, zerstoßene Pfefferkörner, grobes Meersalz, junge Sellerieblättchen

Graue, obere Seite des Steinbutts in der Mitte der Länge nach einschneiden. Mit einer Schere die Gräte vorsichtig herausschneiden, sodass eine Tasche verbleibt. Diese salzen, pfeffern und mit dem Saft einer halben Zitrone beträufeln. Steinbuttfilet salzen, in kleine Stücke schneiden. Mit Eiweiß mixen, dabei nach und nach flüssige Sahne einlaufen lassen. Mit gemischten Kräutern vermengen. Mit Salz und

Steinbutt zählt zu den edelsten und teuersten Fischen auf dem Küchenzettel. Das Fleisch des fast runden Plattfischs ist weiß, fest und fettarm. Bei einem Durchmesser von 30 cm und wenig mehr kommt er als „Babysteinbutt" in den Handel, üblich sind Exemplare von über 50 cm. Seinen Namen verdankt der Steinbutt steinähnlichen Knochenhöckern unter der Haut.

Cayennepfeffer würzen. Masse in die Tasche des Butts füllen. Gebutterte Alufolie über die Kräuterfüllung legen. Olivenöl und Butter in einem flachen Bräter erhitzen. Den Steinbutt mit der weißen Seite nach unten hineinlegen. Oberseite mit der Olivenöl-Butter-Mischung begießen. Im Backofen bei 160 Grad etwa 45 Minuten garen. Dabei immer wieder mit Weißwein ablöschen und begießen. Petersilie in den Fond einrühren, auf den Steinbutt löffeln. Aus dem Ofen nehmen.

ANRICHTEN:

Steinbutt auf eine vorgewärmte Platte legen. Mit restlicher Zitrone beträufeln. Mit zerstoßenem Pfeffer und Meersalz bestreuen. Mit Sellerieblättchen garnieren.

WEINTIPPS:

○ 2001 „Costamolino" Vermentino di Sardegna, Antonio Argiolas, Sardinien, Italien
○○ 1998 Sauvignon blanc, Voss Vineyards, Kalifornien, USA

RINDERFILET MIT OCHSENMARK-KRUSTE UND ROTWEIN-SCHALOTTEN

Schwierigkeitsgrad: leicht, Zubereitungszeit: 1 Stunde

ZUTATEN FÜR 4 PERSONEN:

200 g gewürfeltes Ochsenmark, 2 gehäufte Essl. fein gewürfelte Schalotten, 2 gehäufte Essl. fein gehackte Petersilie, ½ Essl. Thymianblättchen, 100 g geriebenes Weißbrot, Salz, Pfeffer aus der Mühle, 6 Essl. Weißwein, 4 Stücke Rinderfilet à 200–220 g aus der Mitte (7 cm Durchmesser, 5 cm hoch), 3–4 Essl. fein-aromatisches Olivenöl

Ochsenmark, Schalotten, Petersilie, Thymian und Weißbrot gut mischen. Mit Salz und Pfeffer würzen. Mit Weißwein beträufeln. Kühl stellen, 30 Minuten ruhen lassen. Rinderfilets in heißem Olivenöl von allen Seiten insgesamt 3–4 Minuten scharf anbraten. Hitze reduzieren. Fleisch bis zum gewünschten Garpunkt weiter braten. Auf einen warmen Teller legen, mit Alufolie abdecken, 10 Minuten neben der Herdplatte warm ruhen lassen. Mit Salz und Pfeffer kräftig würzen. Oberseite des Filets mit der Markmasse fingerdick bestreichen. Bei 220 Grad Oberhitze für etwa 4 Minuten in den Ofen oder unter den Grill schieben, bis sich eine knusprige Kruste bildet.

Rotwein-Schalotten:

2 Essl. fein gewürfelte Schalotten, 2 Essl. Olivenöl, 2 Essl. roter Portwein, 0,5 l Rotwein, 2 Thymianzweige, 1 Lorbeerblatt, Salz, schwarzer Pfeffer aus der Mühle, 4 Essl. kalte Butterflöckchen, 4 Zweige Brunnenkresse als Garnitur

Schalotten in Olivenöl glasig andünsten. Mit Portwein und Rotwein ablöschen. Thymianzweige und Lorbeerblatt hinzufügen. Auf die Hälfte einkochen. Mit Salz und Pfeffer würzen. Vor dem Servieren kalte Butterflöckchen einschwenken.

ANRICHTEN:

Rinderfilet senkrecht halbieren. Rotwein-Schalotten anlegen. Mit Brunnenkresse dekorieren.

WEINTIPPS:

• 2000 La Madura Classic, Domaine La Madura, Saint-Chinian, Südfrankreich
•• 1997 Marqués de Borba Reserva, João Portugal Ramos, Alentejo, Portugal

---

CÔTE DE BŒUF

Schwierigkeitsgrad: leicht, Zubereitungszeit: 2 ½ Stunden

ZUTATEN FÜR 4 PERSONEN:

2,8 kg küchenfertiges Rippenstück vom Ochsen (mit Fettdeckel), 4 Essl. grob gestoßener Pfeffer, 3 Essl. Olivenöl, 4–5 Essl. mittelscharfer feiner Dijon-Senf, grobes Meersalz zum Bestreuen

Das Fleisch sollte zum Braten Zimmertemperatur haben. Mit 2 Essl. gestoßenem Pfeffer einreiben. In einem großen Bräter in heißem Olivenöl erst auf der Fettseite, dann auf allen anderen Seiten anbraten. Bräter in den auf 210 Grad vorgeheizten Ofen schieben. Etwa 10 Minuten braten lassen. Ofen auf 175 Grad herunterschalten. Weitere 100 Minuten braten lassen. Das Fleisch sollte innen noch rosa sein. Während der Bratzeit zweimal mit Dijon-Senf bepinseln. Aus dem Ofen nehmen und zugedeckt 10–12 Minuten ruhen lassen.

ANRICHTEN:

Fleisch aufschneiden. Mit grobem Salz und restlichem Pfeffer bestreuen. Dazu passen grüne Bohnen.

TIPP:

Man kann das Fleisch auch bei niedrigerer Temperatur braten, jedoch nicht unter 100 Grad. Die Kerntemperatur im Inneren sollte zwischen 60 und 65 Grad liegen (Fleischthermometer). Je niedriger die Brattemperatur, desto saftiger das Fleisch. Die Bratzeit verlängert sich dadurch erheblich.

WEINTIPPS:

• 1999 Château de Lascaux „Les Nobles Pierres", Languedoc, Frankreich
•• 1996 Château Canon La Gaffelière, Saint-Émilion, Frankreich

REHRÜCKEN MIT GLASIERTER BIRNE UND ROTER BETE

Schwierigkeitsgrad: leicht, Zubereitungszeit: 1 Stunde

ZUTATEN FÜR 4 PERSONEN:

*500 g ausgelöstes Mittelstück vom Rehrücken
(Abschnitte vom Metzger mitgeben lassen), 3 Essl. Olivenöl,
6 ausgedrückte Wacholderbeeren, 1 Sternanis, 1 Thymianzweig,
2 geschälte, halbierte Schalotten, 1 nussgroßes Stück Sellerieknolle,
1 Lorbeerblatt, Salz, schwarzer Pfeffer aus der Mühle,
2 Essl. Cognac, 3–4 Essl. roter Portwein, 0,6 l Wildfond,
2 Essl. Schweineblut (beim Metzger vorbestellen, ersatzweise
1 Essl. Mehlbutter aus gleichen Teilen Mehl und Butter),
2–3 Essl. klein gewürfeltes Schwarzbrot oder Lebkuchen, 2 Essl. Butter*

Abschnitte in 1 Essl. Olivenöl anbraten. Wacholder, Sternanis,
Thymian, Schalotten, Sellerie und Lorbeer hinzufügen, mitbraten.
Restliche 2 Essl. Olivenöl hinzufügen. Rehrücken salzen, pfeffern
und von allen Seiten anbraten. Mit dem Bratfett begießen.
Für 20 Minuten in den auf 180 Grad vorgeheizten Backofen
schieben. Aus dem Ofen nehmen, 10 Minuten zugedeckt
ruhen lassen. Röstgemüse mit Cognac und Portwein ablöschen,
einkochen. Wildfond angießen, etwas einkochen. Mit Salz und
Pfeffer würzen. Durch ein Sieb passieren. Mit Schweineblut
oder Mehlbutter binden. Schwarzbrotwürfel in Butter knusprig
rösten, auf Küchenpapier entfetten.

Birne:

*2 Birnen, Saft von 1 Zitrone, 3 sehr fein gehackte Wacholderbeeren,
3 Essl. Butter, 2 Päckchen Vanillezucker, Saft von 1 Orange,
1 Sternanis, ½ Teel. Anissamen, 2 Essl. Orangenmarmelade,
1 Essl. Preiselbeermarmelade, Blättchen von 1 Thymianzweig,*

*1 Essl. fein gewürfelter Bauchspeck, 1 Essl. fein gewürfelte
Schalotte, 1 Essl. blanchierte, abgezogene, gehackte Walnusskerne*

Birnen schälen und halbieren. Kerngehäuse ausstechen.
Mit Zitronensaft einreiben. Mit Wacholderbeeren bestreuen.
2 Essl. Butter in einer Pfanne erhitzen. Vanillezucker
hinzufügen. Birnenhälften hineingeben, leicht karamellisieren
lassen. Mit Orangensaft ablöschen. Sternanis, Anissamen,
Orangen- und Preiselbeermarmelade und Thymian
hinzufügen. Etwas einkochen. In einem Topf Bauchspeck
auslassen. 1 Essl. Butter, Schalotten und Walnusskerne
hinzufügen, kurz anbraten. Zu den Birnen geben.

Rote Bete:

*8 Mini-Rote-Beten, 1 Prise Kümmel, Salz, 1 mit Lorbeer
und 1 Gewürznelke gespickte Zwiebel, 1 Spritzer Essig,
2 Essl. Butter, Saft von 1 Orange, 1 Essl. Preiselbeerkompott*

Rote Bete in mit Kümmel, Salz, Spickzwiebel und
Essig gewürztem Wasser weich kochen. Schälen. In heißer
Butter schwenken. Orangensaft und Preiselbeerkompott
hinzufügen. Etwas einkochen lassen.

ANRICHTEN:

Rehrücken mit Roter Bete umlegen. Birnenhälften mit Sauce
anlegen. Mit Brotwürfeln bestreuen. Wildsauce extra reichen.

WEINTIPPS:

• 2000 Marzemino, Armando Simoncelli,
Trentino, Italien
•• 2000 The Hattrick, Australian Domaine Wines,
McLaren Vale, Australien

1–2 Essl. Weißwein, 80 g geputzte Steinpilze oder andere Pilze, 110 g in kleine Würfel geschnittener, geräucherter Schweinebauch, 40 g fein gewürfelte Schalotten, 160 g blanchierte kleine Kartoffelwürfel, abgezupfte Blätter von 2 Thymianzweigen, 2 Teel. Trüffel-Jus, Salz, Pfeffer aus der Mühle, evtl. etwas Garfond, vorbereitetes gepresstes Schweinsfußfleisch, 1 gewässertes Schweinenetz (50 x 50 cm), 3 Essl. Butter, 3 Essl. Olivenöl, 1 Lorbeerblatt, 1 Thymianzweig
Garnitur: 4 Essl. warmer Kalbs-Jus, 2 Essl. frittierte Schalottenscheiben

Fleisch von gepökelten Schweinsfüßen, Sahne und Eis im Mixer zu einer Farce verarbeiten. Bries in kleine Stücke schneiden, in 1 Essl. gesalzener Butter anbraten. Weißwein hinzufügen, etwa 5 Minuten garen. Pilze in 1 Essl. gesalzener Butter dunkel braten. Schweinebauch mit Schalotten in 1 Essl. gesalzener Butter anbraten. Farce, Bries, Pilze, Schweinebauch, Schalotten, Kartoffelwürfel, Thymianblätter und Trüffel-Jus mischen. Mit Salz und Pfeffer kräftig abschmecken. Wenn die Füllung zu trocken ist, etwas Garfond hinzufügen, die Mischung sollte geschmeidig sein.
Vorbereiteten gepressten Schweinsfußblock quer in zwei gleich große Stücke teilen. Füllung auf einer Hälfte verteilen, mit der anderen belegen. In das Schweinenetz wickeln. (Man kann auch mehrere kleine Päckchen herstellen.) In einer großen Pfanne Butter und Olivenöl erhitzen. Schweinsfuß-Päckchen darin von beiden Seiten sanft anbraten. Insgesamt 40 Minuten garen, ein- bis zweimal wenden. Dabei immer wieder mit dem Bratfett begießen, kross braten. 10 Minuten vor Ende der Garzeit Lorbeer und Thymian hinzufügen.

Kartoffelpüree:
400 g geschälte und gewürfelte mehlig kochende Kartoffeln, 20 g kalte Butter, 0,2–0,25 l heiße Milch, Salz, frisch geriebene Muskatnuss

Kartoffeln garen, durch eine Presse drücken und durch ein Sieb streichen. Mit einem Kochlöffel die Butter einrühren. Milch nach und nach hinzufügen, Püree schaumig rühren. Mit Salz und Muskatnuss abschmecken.

ANRICHTEN:
Aufgeschnittene Schweinsfuß-Päckchen und Kartoffelpüree auf vorgewärmten Tellern anrichten. Mit Kalbs-Jus beträufeln, mit angerösteten Schalottenscheiben bestreuen.

WEINTIPPS:
● 1999 Malterdinger Bienenberg Spätburgunder Qualitätswein trocken, Bernhard Huber, Baden
●● 1998 Pommard „Clos des Epeneaux" Premier Cru, Comte Armand, Burgund, Frankreich

GEFÜLLTE SCHWEINSFÜSSE
MIT KARTOFFELPÜREE

Schwierigkeitsgrad: mittelschwer,
Zubereitungszeit: 2 Stunden plus 8 Stunden Koch- und Kühlzeit

ZUTATEN FÜR 4 PERSONEN:

Vorbereitung der Schweinsfüße:
8 ausgelöste kleine Schweinsfüße (beim Metzger bestellen), je 1–2 in grobe Stücke geschnittene Karotten, Lauchstangen, Staudensellerie, 1 in Stücke geschnittene Zwiebel, 2 Thymianzweige, 1 Lorbeerblatt, 1 Teel. Pfefferkörner

Schweinsfüße blanchieren, Wasser weggießen. Mit frischem Wasser bedecken, restliche Zutaten hinzufügen. 2 Stunden bei milder Hitze weich köcheln lassen. Fleisch herausnehmen, etwas Garfond für die Füllung abnehmen (0,1 l). Restlicher Fond und Würzgemüse werden nicht mehr gebraucht. Knorpel vom Fleisch abschneiden. Schweinsfüße noch warm mit der Haut nach unten sehr eng nebeneinander in eine mit Klarsichtfolie ausgelegte flache Form pressen. Flachdrücken, beschweren, 6 Stunden im Kühlschrank ruhen lassen.

Füllung und Fertigstellung:
180 g ausgelöstes Fleisch von gepökelten Schweinsfüßen, 50 ml Sahne, 50 g zerstoßene Eiswürfel, 130 g 2 Stunden lang gewässertes, geputztes Kalbsbries, 3 Essl. gesalzene Butter,

SCHNEE-EIER (ŒUFS À LA NEIGE)

Schwierigkeitsgrad: mittelschwer, Zubereitungszeit: 45 Minuten

ZUTATEN FÜR 4 PERSONEN:

Vanillesauce:

140 ml Milch, 1 ½ Essl. Zucker,
1 Päckchen Vanillezucker,
Mark von 1 Vanilleschote,
1 Eigelb, 1 Teel. Vanillecremepulver
oder Maizena, 60 g Butter

120 ml Milch mit Zucker, Vanillezucker und
Vanillemark unter ständigem Rühren aufkochen.
Vom Herd nehmen. 20 ml Milch (etwa 2 Essl.)
mit Eigelb und Cremepulver verrühren. In die Milch
geben, weiterrühren, bis die Masse etwas dicklich wird
(nicht mehr kochen). Butter einrühren, erkalten lassen.

Schnee-Eier:

180 g Eiweiß, 100 g Zucker

Eiweiß mit Zucker zu festem Schnee schlagen.
Mit 2 Esslöffeln Nocken formen. In kochendes
Wasser einlegen, nach zwei Minuten wenden,
weitere zwei Minuten garen. Herausnehmen, auf
Küchenkrepp abtropfen lassen.

Karamell:

150 g Zucker in einem Topf zu hellbraunem
Karamell schmelzen lassen.

ANRICHTEN:

Schnee-Eier auf der Vanillesauce anrichten.
Heißen Karamell mit Hilfe einer Gabel über
die Schnee-Eier laufen lassen.

WEINTIPPS:

○ 1997 Wintersbacher Hungerberg Kerner Auslese,
Jürgen Ellwanger, Württemberg
○○ 1996 Sauvignon blanc „Botrytis", Voss Vineyards,
Kalifornien, USA

Schwierigkeitsgrad: leicht,
Zubereitungszeit: 20 Minuten plus Gefrierzeit

ZUTATEN FÜR 4–6 PERSONEN:

2 Eier, 4 Eigelb,
100 g Zucker,
60 ml Grand Marnier,
400 g geschlagene Sahne,
1 Essl. Kakaopulver,
marinierte Orangenfilets

Eier, Eigelb und Zucker schaumig rühren, Grand Marnier hinzufügen. Schlagsahne unterheben. 4–6 Soufflé-Förmchen oder Tassen (Durchmesser 8 cm, Höhe 4 cm) mit Papierstreifen umwickeln, sodass sie den Rand um 1 cm überragen. Soufflé-Masse mit einem Spritzsack bis zum Papierrand einfüllen, tiefkühlen. Nach dem Gefrieren Oberfläche dünn mit Kakaopulver besieben, Papier entfernen.

ANRICHTEN:

Eis-Soufflés mit den marinierten Orangenfilets servieren.

TIPP:

Anstelle von Grand Marnier kann ein Likör nach Geschmack gewählt werden.

WEINTIPPS:

○ Prosecco di Valdobbiadene Superiore di Cartizze, Bortolomiol, Venetien, Italien
○○ 1997 Muscat Late Harvest, Château Pajzos, Ungarn

CRÈME BRÛLÉE

Schwierigkeitsgrad: leicht, Zubereitungszeit: 1 Stunde

ZUTATEN FÜR 4 PERSONEN:

4 Eier, 50 g Zucker, 10 g Vanillezucker, 1 Prise Salz, 0,35 l Milch,
0,15 l Sahne, grober brauner Zucker zum Karamellisieren

Eier mit Zucker, Vanillezucker und Salz verrühren. Milch und Sahne zum Kochen bringen. In die Eimasse einrühren. In feuerfeste Formen füllen. Im Wasserbad im vorgeheizten Ofen bei 160 Grad etwa 50 Minuten stocken lassen. Damit sich an der Oberseite keine Haut bildet, mit einem Backblech abdecken. Nach dem Garen kalt stellen.

ANRICHTEN:

Crème mit grobem braunem Zucker bestreuen. Mit einem Bunsenbrenner (Baumarkt) oder Salamander (starker Grill) den Zucker karamellisieren.

WEINTIPPS:

○ Cava Segura Viudas Seco, Katalonien, Spanien
○○ Champagne Billecart-Salmon brut rosé, Champagne, Frankreich

CRÊPES SUZETTE

**Schwierigkeitsgrad: mittelschwer,
Zubereitungszeit: 1 ¹/₂ Stunden**

ZUTATEN FÜR 20 CRÊPES:

*75 g Butter, 0,5 l zimmerwarme Milch, 240 g Weizenmehl Typ 405,
6 zimmerwarme mittelgroße Eier (300 g),
Mark von einer halben Vanilleschote, abgeriebene Schale von
einer halben Zitrone, Salz, Butterschmalz zum Ausbacken*

Butter vorsichtig erhitzen, Schaum abschöpfen, Butter leicht
bräunen. Hat sie genügend Farbe angenommen, sofort durch
ein Mulltuch in eine Schüssel abseihen. Entstandene Nussbutter
leicht abkühlen. Es sollten etwa 60 g sein. Milch und Mehl
verrühren. Eier hinzufügen. Vanillemark, Zitronenschale und
Salz dazugeben. Mit dem Pürierstab die handwarme Nussbutter
einrühren. 30 Minuten ruhen lassen, durch ein Haarsieb
passieren. Pfanne mit Butterschmalz ausreiben, erhitzen.
Eine kleine Portion Crêpe-Teig hineingeben, hauchdünne
Crêpe ausbacken. Für jede weitere Crêpe erst den Teig in
die Pfanne geben, dann den Pfannenrand mit Butterschmalz
dünn einpinseln. Crêpes bis zur weiteren Verwendung
zwischen Backpapier aufbewahren.

Orangensauce:
*5 unbehandelte Orangen, 1 unbehandelte Zitrone,
100 g Würfelzucker, 3 Essl. Campari, 50 g Butter,
1 ¹/₂ Essl. Zitronensaft, 0,2 l Orangensaft, 2 Essl. Grand Marnier,
1 Essl. Cointreau, 50 g eiskalte Butterwürfel,
Grand Marnier zum Flambieren,
Garnitur: Vanilleeis, Erdbeersauce, Orangenschalenstreifen*

Orangen und Zitrone heiß abwaschen und trocknen. Schalen
von 4 Orangen und der Zitrone mit Würfelzucker abreiben.
(Der Zucker nimmt das Aroma der Früchte an.) Von der einer
Orange mit einem Zestenreißer Streifen abziehen und in Campari
marinieren. 2 Orangen und die Zitrone auspressen, die oben
angegebenen Mengen abmessen. Die restlichen 3 Orangen dick
schälen und mit einem scharfen Messer Filets auslösen. Würfelzucker mit 50 g Butter hell karamellisieren. Mit Zitronen- und
Orangensaft auffüllen, auf ein Drittel einkochen. Grand Marnier
und Cointreau hinzufügen. Mit eiskalten Butterflöckchen binden.

ANRICHTEN:

Orangensauce in eine Pfanne geben. Die Crêpes darin wenden,
zweimal falten, mit den Filets füllen. In eine ovale Kupferpfanne
oder flache Gratinform legen. Grand Marnier in einem Butter-
pfännchen erwärmen, anzünden, über die heißen Crêpes gießen.
Mit Vanilleeis, Erdbeersauce und Orangenzesten servieren.

WEINTIPPS:

Grand Marnier Liqueur, Cuvée du Cent Cinquentenaire,
Frankreich
∘∘ 1996 Château Nairac, Barsac-Sauternes, Frankreich

FLAMBIERTE TARTE TATIN

Schwierigkeitsgrad: leicht, Zubereitungszeit: 1 ¹/₂ Stunden

ZUTATEN FÜR 1 BACKFORM VON 20 CM DURCHMESSER MIT HOHEM RAND:

*150 g Zucker, 150 g Butterflocken, 8 geschälte, geviertelte Äpfel,
250 g ausgerollter Blätterteig, evtl. Calvados zum Flambieren*

Backform auf der Herdplatte erhitzen. Zucker darin zu
Karamell schmelzen. Butter hinzufügen. Äpfel in zwei
Schichten in die Form einlegen. Im vorgeheizten Ofen bei
180 Grad etwa 20 Minuten backen. Mit dem ausgerollten
Blätterteig die Äpfel bedecken, Teig mehrmals mit einer
Gabel einstechen. Weitere 35 Minuten backen.
Etwas abkühlen lassen, auf eine Kuchenplatte stürzen.
Nach Geschmack mit Calvados flambieren.

ANRICHTEN:

Lauwarm mit Vanilleeis servieren.

WEINTIPPS:

∘ 2001 Moscato d'Asti Vigneto „Biancospino" Frizzante,
La Spinetta, Piemont, Italien
∘∘ 2001 Rheingau Riesling Eiswein,
Peter Jakob Kühn, Rheingau

Eckart Witzigmanns HEIMAT steht

kulinarisch für barocke Lebensfreude:

Die REZEPTE dieses Kapitels sind wahre

SEELENWÄRMER für den Herbst und

Winter. Vom KALBSNIERENBRATEN bis zu den

MEHLSPEISEN – Leibgerichte, auf der HÖHE der Zeit!

ÖSTERREICH

WIENER HÜHNEREINTOPF
MIT GEMÜSE UND BUTTERNOCKERLN

Schwierigkeitsgrad: mittelschwer, Zubereitungszeit: 1 ½ Stunden

ZUTATEN FÜR 4 PERSONEN:

1 küchenfertiges Suppenhuhn (etwa 1,3 kg), Meersalz, je 30 g klein geschnittene Karotte, Lauch (weißer Teil), Knollen- und Staudensellerie, 1 kleine, mit 2 Nelken und 1 Lorbeerblatt gespickte Zwiebel, 1 Thymianzweig, 5 weiße Pfefferkörner, 4 junge Petersilienwurzeln, 8 junge Karotten, 8 junge Lauchzwiebeln, 2 Essl. Butter, 2 Eigelb, schwarzer Pfeffer aus der Mühle, frisch geriebene Muskatnuss, 120 g Mehl, 2 steif geschlagene Eiweiß, 1 Essl. geschlagene Sahne, 1 Essl. frisch gezupfte, junge Petersilienblättchen

Suppenhuhn waschen, trockentupfen. In einem großen Kochtopf 3 l Wasser mit Salz, klein geschnittenem Gemüse, gespickter Zwiebel, Thymian und weißen Pfefferkörnern aufkochen. Huhn darin bei schwacher Hitze etwa 1 Stunde garen. Suppenhuhn herausnehmen, etwas abkühlen lassen. Noch warm enthäuten, entbeinen und in Stücke schneiden. Suppe durch ein Sieb gießen. Warm halten.
Gemüse für die Einlage putzen. In wenig Salzwasser erst die Petersilienwurzeln, dann die Karotten einige Minuten garen. Lauchzwiebeln hinzufügen, 2 Minuten mitgaren. Mit einem Schaumlöffel herausnehmen, in Eiswasser abschrecken. Anschließend kurz in heißer Butter schwenken. Warm halten.
Weiche Butter mit einem Schneebesen cremig rühren. Eigelb hinzufügen. Schaumig schlagen. Mit Salz, Pfeffer und Muskat würzen. Löffelweise das Mehl hinzufügen. Rühren, bis ein glatter Teig entstanden ist. Eiweiß und geschlagene Ssahne unterheben. Reichlich Salzwasser in einem großen, flachen Topf zum Kochen bringen. Mit 2 Teelöffeln Nockerln von der Teigmasse abstechen. In das leicht

siedende Wasser legen. Etwa 5 Minuten köcheln lassen. Dann die Hitze reduzieren, Nockerln noch 8–10 Minuten zugedeckt ziehen lassen. Mit einem Schaumlöffel herausheben.

ANRICHTEN:

Hühnerfleisch und Gemüse auf vorgewärmten tiefen Tellern anrichten. Mit

heißer Geflügelbrühe übergießen. Butternockerln auf die Teller verteilen. Suppe mit jungen Petersilienblättchen garnieren.

WEINTIPPS:

○ 2001 Loibner Grüner Veltliner Steinfeder, Emmerich Knoll, Wachau, Österreich
○○ 1999 Vouvray „Vigne blanche" Réserve Privée, Marc Brédif, Loire, Frankreich

BEUSCHEL

Schwierigkeitsgrad: mittelschwer, Zubereitungszeit: 2 Stunden plus 1 Tag zum Wässern

ZUTATEN FÜR 4–6 PERSONEN:

je 250 g Herz und Lunge vom Rind, 0,25 l Rotwein, 0,125 l Rotweinessig,
10 cm Selleriestange, 1 kleine Petersilienwurzel, 1 kleine Karotte, 1 Stück Lauchstange,
2 Thymianzweige, 3 Wacholderbeeren, 3 ungeschälte Knoblauchzehen,
1 kleine, mit 2 Nelken und 1 Lorbeerblatt gespickte Zwiebel,
Salz, 2 fein gewürfelte Schalotten, 30 g Butter, 2 Essl. Mehl,
0,25 l Gurkenwasser von Gewürzgurken,
50 g sehr fein gehackte Gewürzgurken, 1 Essl. sehr fein gehackte Sardellen,
1 Essl. sehr fein gehackte Kapern, 1 Msp. geriebener Knoblauch,
1 Prise gerebelter, fein gehackter Majoran, 1 Msp. Dijon-Senf,
1 Msp. edelsüßes Paprikapulver, 0,1 l Sahne, 1 Essl. saure Sahne,
1 Spritzer Weißweinessig, schwarzer Pfeffer aus der Mühle,
3–4 Essl. geschlagene Sahne, Schnittlauch

Herz und Lunge 24 Stunden wässern, Sehnen und Adern entfernen. In einen Kochtopf geben. Mit Rotwein, Essig und 0,5 l Wasser übergießen, aufkochen. Aufsteigenden Schaum abschöpfen. Sellerie, Petersilienwurzel, Karotte, Lauch und Thymian mit Küchengarn zusammenbinden. Mit Wacholderbeeren, Knoblauch und Spickzwiebel zu den Innereien geben. Salzen, bei schwacher Hitze 30 Minuten weich kochen. Lunge und Herz herausnehmen. Zwischen zwei Teller legen, mit einem Gewicht beschweren, abkühlen. Sud auf die Hälfte reduzieren, durch ein Sieb passieren, beiseite stellen. Schalottenwürfel in heißer Butter glasig dünsten. Mehl darüberstäuben, hellbraun anrösten. Sud und Gurkenflüssigkeit nach und nach unter ständigem Rühren zugeben, 20 Minuten köcheln lassen. Gurken, Sardellen, Kapern, Knoblauch, Majoran, Senf und Paprikapulver in die Sauce rühren. 5 Minuten ziehen lassen, durch ein Spitzsieb passieren. Herz und Lunge in feine Streifen schneiden. In eine Kasserolle geben, mit Sauce übergießen, aufkochen. Süße und saure Sahne unterrühren. Mit Senf, Weißweinessig und Pfeffer würzig abschmecken. Kurz kochen lassen, zum Schluss die geschlagene Sahne vorsichtig einrühren.

ANRICHTEN:

In vorgewärmte tiefe Teller füllen. Mit Schnittlauch bestreuen. Wenn vorrätig, mit Gulaschsaft beträufeln.

WEINTIPPS:

• 1999 „In den Robbingen", Portugieser Blau, Fischer, Thermenregion, Österreich
•• 1997 Cuvée Ried Hallebühl, Umathum, Neusiedlersee, Österreich

hinzufügen. Suppe mit einem Stabmixer pürieren. Maiskörner in 20 g Butter kurz anschwitzen, beiseite stellen. Kürbissuppe nochmals aufmixen. Dill in die halbsteif geschlagene Sahne geben. Vorsichtig in die Kürbissuppe einrühren.

Kürbiskristallinen (12 Stück):

0,6 l Wasser, 400 g Zucker, 12 hauchdünne Scheiben Muskatkürbis

Wasser und Zucker in einem Kochtopf auf genau 115 Grad erhitzen (Zuckerthermometer). Kürbisscheiben durch den so gewonnenen Läuterzucker ziehen. Einzeln in hitze-beständiges Plastik im Vakuum einschließen. In den Beuteln für 2–3 Minuten in kochendes Wasser legen. In Eiswasser abschrecken. Beutel entfernen. Kürbisscheiben auf eine nicht haftende Plastikmatte legen. Über Nacht trocknen lassen.

ANRICHTEN:

Etwas Mais in vorgewärmte Suppenteller geben. Kürbissuppe angießen. Mit Kristallinen und Maiskörnern verzieren.

WEINTIPPS:

○ 1999 Muscat d'Alsace, Rolly Gassmann, Elsass, Frankreich
○○ 2000 Dorsheimer Pittermännchen Riesling Auslese „Goldkapsel", Schlossgut Diel, Nahe

KÜRBISSAMTSUPPE MIT MAIS (KUKURUZ)

Schwierigkeitsgrad: leicht, Zubereitungszeit: 1 ³/₄ Stunden

ZUTATEN FÜR 6 PERSONEN:

550 g geschältes, entkerntes Muskatkürbisfleisch (800 g brutto), Salz, 80 g Butter, 100 g gewürfelte weiße Zwiebeln, 1 gewürfelte Knoblauchzehe, ¹/₂ Teel. Kümmel, 120 g geschälte, entkernte und in grobe Scheiben geschnittene rote Paprika, 1 geschälter, entkernter und in grobe Scheiben geschnittener mittelgroßer Apfel, 1 Msp. edelsüßes Paprikapulver, 1 Msp. Curry, 2 Essl. Ingwersirup (Sirup, in den Ingwer eingelegt ist), 1 Essl. Tomatenketchup, 0,125 l Weißwein, 1 l Geflügelfond, schwarzer Pfeffer aus der Mühle, 1 Essl. Kokosmilch, 150 g ausgelöste, rohe Maiskörner, 1 Essl. grob gehackter Dill, 120 ml halbsteif geschlagene Sahne, als Garnitur: 12 Kürbiskristallinen

Kürbisfleisch grob raspeln, leicht salzen, 30 Minuten ruhen las-sen. In einem Topf 60 g Butter zerlassen. Zwiebeln, Knoblauch, Kümmel, Paprika und Apfel darin farblos anschwitzen. Paprika-pulver und Curry untermischen. Ingwersirup und Ketchup einrühren. 5 Minuten mit anschwitzen. Mit Weißwein aufgießen, völlig reduzieren lassen. Kürbisfleisch gut ausdrücken. Aus-tretenden Saft auffangen, beiseite stellen. Kürbis in die Gemüse-mischung geben, 20 Minuten dünsten, dabei öfter umrühren. Geflügelfond und Kürbissaft zugießen. Salzen, pfeffern. Weitere 20 Minuten bei geringer Hitze köcheln lassen. Kokosmilch

Kürbis ist in der Küche vielseitig verwendbar: Er schmeckt als Suppe und Gemüsebeilage – gedünstet, frittiert oder eingelegt. In Österreich reicht man Kürbiskraut mit Dill zu Rindfleisch-gerichten. Aus den schalenlosen Kernen der Sorte „Styriaca" wird in der Steiermark das intensive grüne Kürbiskernöl gewonnen.

SALAT VON KALBSZUNGE UND GEBACKENEM KALBSKOPF

Schwierigkeitsgrad: leicht, Zubereitungszeit: 40 Minuten

ZUTATEN FÜR 4 PERSONEN:

*2 geschälte Karotten (die eine quer, die andere längs in
dünne Scheiben geschnitten), 1 geschälte Petersilienwurzel (eine
Hälfte längs, die andere quer in dünne Scheiben geschnitten),
1 Stange in Ringe geschnittener Lauch, 2 Eier,
1 Essl. geschlagene Sahne, 4 Scheiben à ½ cm gepresster
Kalbskopf, Salz, schwarzer Pfeffer aus der Mühle,
50 g Mehl, 150 g Semmelbrösel, 2 Essl. Butter,
50 ml Rinderconsommé, 50 ml Obstessig, 1 Essl. Zucker,
1 Teel. Dijon-Senf, weißer Pfeffer aus der Mühle,
frisch geriebene Muskatnuss, 0,2 l Sonnenblumenöl, 1 gepökelte,
gekochte und in dünne Scheiben geschnittene Kalbszunge,
1 in Ringe geschnittene rote Zwiebel, 1 Stück Meerrettichwurzel,
1 Essl. gezupfte Petersilienblätter*

Karotten, Petersilienwurzel und Lauch in kochendem Wasser
bissfest (10 Minuten) garen, abtropfen lassen. Eier mit Sahne
verquirlen. Kalbskopfscheiben salzen, pfeffern. In Mehl wenden. Durch die Eimasse ziehen, in Semmelbröseln panieren.

In Butter goldgelb braten, auf Küchenkrepp abtropfen
lassen. Consommé, Obstessig, Zucker, 1 Teel. Salz und
Senf mit einem Schneebesen so lange rühren, bis Zucker
und Salz vollständig aufgelöst sind. Mit Pfeffer und Muskat
würzen. Öl unter ständigem Rühren einlaufen lassen.
Gekochte Gemüse kurz in der Vinaigrette marinieren.

ANRICHTEN:

Gebackenen Kalbskopf mit der Zunge und den Gemüsen
dekorativ auf Tellern anrichten. Frischen Meerrettich
darüber hobeln. Zunge mit etwas Vinaigrette beträufeln.
Mit Petersilienblättern verzieren.

WEINTIPPS:

○ 2001 Riesling Qualitätswein trocken, Fritz Haag,
Mosel-Saar-Ruwer
○○ 2001 Singerriedl Riesling Smaragd trocken,
Franz Hirtzberger, Wachau, Österreich

REBHUHN MIT PERLZWIEBELN, NÜSSEN, TRAUBEN UND ROSENKOHL

Schwierigkeitsgrad: leicht, Zubereitungszeit: 45 Minuten

ZUTATEN FÜR 4 PERSONEN:

2 Scheiben fetter Speck, 4 küchenfertige, mit Speck umwickelte und mit Küchengarn zusammengebundene Rebhühner à 360 g, Salz, Pfeffer aus der Mühle, 2 halbierte Lorbeerblätter, 6 Wacholderbeeren, 3 Thymianzweige, 8 geschälte, gekochte Maronen, 10 geschälte Perlzwiebeln, 30 geputzte, blanchierte Rosenkohlköpfe, etwa 0,25 l Geflügelbrühe, 30 abgezogene kleine kernlose Weintrauben, 8 Walnusskerne ohne Haut, 3 Essl. gehackte Petersilie

Speckscheiben in einem Bräter auslassen. Rebhühner mit Salz und Pfeffer würzen. Im Bräter etwa 7 Minuten von allen Seiten anbraten. Lorbeer, Wacholder, Thymian, Maronen und Perlzwiebeln hinzufügen. Für etwa 20 Minuten in den auf 180 Grad vorgeheizten Ofen geben, Rebhühner nach 10 Minuten wenden, Rosenkohl hinzufügen, eventuell etwas Geflügelbrühe angießen. Am Ende der Bratzeit Speckscheiben, Lorbeer und Thymian entfernen. Trauben und Walnusskerne einschwenken.

ANRICHTEN:

Rebhühner vom Küchengarn befreien, aufschneiden. Mit Perlzwiebeln, Maronen, Rosenkohl, Trauben und Nüssen umlegen. Mit Petersilie bestreuen.

WEINTIPPS:

○ 1999 Chardonnay und Weißburgunder Spätlese trocken, Knipser, Pfalz
○○ 1994 Le Grand Vin de l'Altenberg, Marcel Deiss, Elsass, Frankreich

GEFÜLLTE PAPRIKA

Schwierigkeitsgrad: leicht, Zubereitungszeit: 1 ¼ Stunden

ZUTATEN FÜR 6–8 PERSONEN:

150 g Kalbfleisch, 250 g Lammfleisch, je 50 g gekochter Schinken und Schinkenspeck, 100 g Weißbrot oder Brötchen vom Vortag (in Scheiben), ⅛ l warme Milch, 100 g in feine, kurze Streifen geschnittene Zwiebeln, 1 ½ gewürfelte Knoblauchzehen, 3 Essl. Olivenöl, 1 Bund gehackte Petersilie, 2 Eier, 1 Msp. scharfer Senf, Salz, Pfeffer aus der Mühle, frisch geriebene Muskatnuss, 1 Prise getrockneter Majoran, ½ gewürfelte Schalotte, 350 g geputzter, blanchierter Spinat, 400 g gekochte, gepellte und klein gewürfelte Kartoffeln, 10 rote Paprikaschoten, je 1 kleine rote, gelbe und orange Paprikaschote (in schmale Streifen geschnitten), 1 in dünne Scheiben geschnittene Zwiebel, 4 Essl. Butter, 1 Bouquet garni (aus Petersilienstängeln, Thymianzweig, Lorbeer und Staudensellerie), 0,5 l Rinderbrühe oder Wasser

Kalb- und Lammfleisch mit Schinken und Speck durch den Fleischwolf drehen. Brot mit warmer Milch übergießen, etwas ziehen lassen. Zwiebeln und 1 gewürfelte Knoblauchzehe in 1 Essl. Olivenöl andünsten. Mit gehackter Petersilie vermengen, abkühlen lassen. Fleisch-, Brot- und Zwiebelmasse mit den Eiern mischen. Mit Senf, Salz, Pfeffer, Muskatnuss und Majoran würzen. Schalotte und ½ gewürfelte Knoblauchzehe in 2 Essl. Olivenöl anschwitzen. Spinat hinzufügen, kurz dünsten, abkühlen lassen. Grob hacken und mit den Kartoffelwürfeln zur Fleischmasse geben. Salzen, pfeffern. Paprikaschoten am Stielende aufschneiden, Deckel aufbewahren. Kerne und weiße Rippen entfernen. Waschen, mit der Fleischmasse füllen. Deckel wieder aufsetzen. Paprikastreifen und Zwiebelscheiben in 2 Essl. Butter farblos anschwitzen. Bouquet garni hinzufügen, mit anschwitzen. Gemüse auf ein Blech mit hohem Rand (Fettpfanne des Backofens) geben. Paprikaschoten daraufsetzen. Rinderbrühe angießen, restliche Butter in Flöckchen darauf verteilen. Bei 180 Grad etwa 30 Minuten im Ofen garen.

ANRICHTEN:

Paprikaschoten halbieren. Auf vorgewärmten Tellern anrichten. Mit Gemüse umlegen, mit Sauce beträufeln.

WEINTIPPS:

● 1998 Zweigelt Qualitätswein trocken, Römerhof-Kollwentz, Neusiedlersee-Hügelland, Österreich
●● 1997 Emeritus Vino tinto, Marqués de Griñón, Rioja, Spanien

STEINPILZVARIATIONEN

GEBACKENE STEINPILZE MIT SAUCE TARTARE

Schwierigkeitsgrad: leicht, Zubereitungszeit: 30 Minuten

ZUTATEN FÜR 4 PERSONEN:

*1 Ei, 1 gestrichener Essl. Senf, Saft von ½ Zitrone,
1 Spritzer Estragonessig, 1 Prise Zucker, Salz,
Cayennepfeffer, 3 Essl. flüssige Sahne,
1 fein gehacktes hart gekochtes Ei,
8 fein gehackte kleine Cornichons,
1 Teel. fein gehackte Kapern, 1 fein gehackte Sardelle,
½ Bund fein geschnittener Schnittlauch,
1 Essl. geschlagene Sahne, 4–6 geputzte mittelgroße Steinpilze,
2–3 Essl. Mehl, 2 Eier, 1 Essl. Milch, frisch geriebene
Semmelbrösel, geschmacksneutrales Pflanzenöl zum Ausbacken*

Ei, Senf, Zitronensaft (bis auf einen Rest zum Nachwürzen),
Essig, Zucker, Salz, Cayennepfeffer und flüssige Sahne in
einen hohen Becher geben und mit dem Stabmixer zu einer
Mayonnaise aufschlagen. Gehacktes Ei, Cornichons, Kapern,
Sardelle und Schnittlauch einrühren. Mit Cayennepfeffer
und restlichem Zitronensaft abschmecken, geschlagene Sahne
unterziehen. Steinpilze salzen, in Mehl wenden. Eier mit
Milch verquirlen. Steinpilze durchziehen, dann in Semmelbröseln panieren. Im heißen Öl ausbacken, auf Küchenkrepp
abtupfen. Steinpilze mit der *sauce tartare* servieren.

GEHOBELTE STEINPILZE MIT SCHNITTLAUCH

Schwierigkeitsgrad: leicht, Zubereitungszeit: 10 Minuten

ZUTATEN FÜR 4 PERSONEN:

*6–8 geputzte, gehobelte mittelgroße Steinpilze,
Salz, Pfeffer aus der Mühle,
1 Spritzer Zitronensaft,
1 Spritzer neutrales Pflanzenöl,
1 Essl. Schnittlauchröllchen*

Steinpilze mit Salz, Pfeffer, Zitronensaft
und Öl vorsichtig mischen.
Mit Schnittlauchröllchen bestreuen.

Steinpilze erfordern in der Küche keine komplizierten
Zubereitungen: Sie überzeugen in der Saison von Juli bis
Oktober durch ihre Frische und durch ihren angenehm nussigen
Geschmack. Leider sind Steinpilze sehr anfällig für Maden.
Deshalb sollte man sie vor weiteren Arbeitsschritten vorsichts-
halber durchschneiden und gründlich überprüfen.

GERÖSTETES SCHWARZBROT MIT STEINPILZEN À LA CRÈME

Schwierigkeitsgrad: leicht, Zubereitungszeit: 20 Minuten

ZUTATEN FÜR 4 PERSONEN:

*60 g Butter, 4–6 geputzte und in Scheiben geschnittene mittel-
große Steinpilze, 4 gewürfelte kleine Lauchzwiebeln (weißer Teil)
Salz, frisch geriebene Muskatnuss, etwa 1 Teel. Zitronensaft,
schwarzer Pfeffer aus der Mühle, 6 Essl. Crème double,
4 Scheiben Schwarzbrot (in Deutschland Graubrot wie
Roggenmisch- und Landbrot),
½ Bund fein gehackte glatte Petersilie*

Die Hälfte der Butter in einer Pfanne schmelzen, Steinpilzscheiben kurz vorsichtig andünsten. Lauchzwiebelwürfel
hinzufügen, mit Salz, Muskatnuss, Zitronensaft und Pfeffer
würzen. 4–6 Essl. Wasser dazugeben, bei schwacher Hitze
½ Minute dünsten lassen. Crème double unterrühren, leicht
cremig einköcheln lassen. Kurz vor dem Servieren das Brot
rösten, in Streifen schneiden. Restliche Butter mit der Petersilie unter die Pilze mischen, mit dem Röstbrot servieren.

STEINPILZE MIT ENTENMÄGEN UND KARTOFFELN

Schwierigkeitsgrad: leicht, Zubereitungszeit: 1 ³/₄ Stunden

ZUTATEN FÜR 4 PERSONEN:

*1 Essl. Enten- oder Gänsefett, 16 geputzte küchenfertige
Entenmägen (beim Geflügelhändler vorbestellen),
je 6 ungeschälte Schalotten und Knoblauchzehen,
1 Lorbeerblatt, 1 mit einem Lauchblatt umwickeltes
Bouquet garni (aus Knollensellerie, 1 Karotte,
1 Petersilienwurzel), bis zu 0,25 l Geflügelbrühe,
8 kleine Kartoffeln mit Schale (Grenaille, La Ratte, Drillinge),
16 geputzte kleine Steinpilze, Pflanzenöl zum Braten,
Salz, Pfeffer aus der Mühle, 2 Essl. gehackte glatte Petersilie*

Entenfett in einer Pfanne auslassen. Entenmägen darin kurz
anbraten. Mit Schalotten, Knoblauch, Lorbeer und Bouquet
garni in etwa 1–1 ½ Stunden langsam weich schmoren.
Dabei öfter Geflügelbrühe angießen. Im letzten Drittel
Kartoffeln hinzufügen, mitgaren. Steinpilze im Ganzen in

Pflanzenöl anbraten. Salzen, pfeffern, Petersilie
einschwenken. Entenmägen mit Salz und Pfeffer würzen.
Bouquet garni und Lorbeerblatt entfernen.
Mit Steinpilzen, Schalotten, Knoblauch und Kartoffeln
anrichten, mit dem Braten-Jus beträufeln.

DIE STEINPILZ-GERICHTE ALS VIERERVARIATION ANRICHTEN:

Alle Gerichte in vier Portionen teilen und jeweils ein
Viertel auf vorgewärmten Tellern anrichten.

TIPP:

Die Zubereitungszeit für alle vier Gerichte beträgt etwa
2 ½ Stunden. Mit den Pilzen mit Entenmägen beginnen.

WEINTIPPS:

● 1998 Zweigelt „Classique", Josef Pöckl,
Neusiedlersee, Österreich
●● 1998 Kollwentz Steinzeiler, Kollwentz-Römerhof,
Burgenland, Österreich

Schwierigkeitsgrad: leicht, Zubereitungszeit: 1 ¹/₄ Stunden plus 12 Stunden Einweichzeit für die Graupen

ZUTATEN FÜR 4 PERSONEN:

100 g Graupen (Rollgerstenkörner),
2 gepökelte Spanferkelhaxen à 500–700 g,
4 Essl. Butter, 80 g fein gewürfelter durchwachsener
Räucherspeck, 150 g fein gewürfelte Zwiebeln,
1 abgezogene Knoblauchzehe, Salz,
etwa 1 l Geflügelbrühe oder Wasser, 1 Bouquet garni
(aus Thymianzweig, Lorbeerblatt, Petersilienstängel
und Gewürznelke), 100 g Karotten,
50 g Knollensellerie, 150 g Kartoffeln,
150 g Lauch, Pfeffer aus der Mühle,
1 Spritzer Weißweinessig, 2 Essl. Schnittlauchröllchen,
1 Stück Meerrettichwurzel

Graupen über Nacht zugedeckt in kaltem Wasser einweichen, anschließend gut ausdrücken. Spanferkelhaxen 15 Minuten blanchieren, kalt abspülen. In einem Topf 1 Essl. Butter aufschäumen lassen. Räucherspeck und Zwiebeln darin glasig andünsten. Knoblauchzehe mit etwas Salz zerdrücken, mit den Graupen hinzufügen. Brühe angießen. Bouquet garni und Haxen einlegen. Etwa 25 Minuten köcheln lassen. 3 Essl. Butter in einer Pfanne aufschäumen lassen. Karotten, Knollensellerie, Kartoffeln und Lauch in ¹/₂ cm große Stücke schneiden. Kurz in der Butter schwenken und in die Suppe geben. Weitere 15 Minuten köcheln lassen. Bouquet garni entfernen. Spanferkelhaxen aufschneiden. Suppe mit Salz, Pfeffer und Essig würzig abschmecken.

ANRICHTEN:

Aufgeschnittene Haxen in vorgewärmte tiefe Teller setzen. Mit Suppe übergießen. Mit Schnittlauch und frisch geriebenem Meerrettich bestreuen.

WEINTIPPS:

∘ Tio Mateo, Fino Jerez seco, Marqués del Real Tesoro, Jerez, Spanien
∘∘ 1995 Dürnsteiner Kellerberg Grüner Veltliner Smaragd, F. X. Pichler, Wachau, Österreich

OFENLEBER IM SCHWEINENETZ

Schwierigkeitsgrad: leicht, Zubereitungszeit: 1 Stunde

ZUTATEN FÜR 4 PERSONEN:

200 g Kalbsleber, 200 g Schweineschulter, 50 g gewässerte rohe
Kalbslunge, 50 g gekochter Kalbskopf, 50 g gekochte Kalbszunge,
1 Ei, 2 entrindete Semmeln, 0,1 l warme Milch, Zitronenschale von
¹/₂ Zitrone, 1 Essl. Majoran, 1 gehackte Knoblauchzehe,
1 Bund gehackte glatte Petersilie, 1 Stängel gehackter Liebstöckel, Salz,
schwarzer Pfeffer aus der Mühle, frisch geriebene Muskatnuss,
1 gewässertes Schweinenetz, 4 Essl. Öl, 2 Essl. Speckstreifen, 1 in dünne
Ringe geschnittene Zwiebel, je 1 Essl. Rosmarin- und Thymiannadeln

Kalbsleber, Schweineschulter, Kalbslunge, -kopf, und -zunge durch die feine Scheibe eines Fleischwolfs drehen. Ei hinzufügen. Die in der warmen Milch eingeweichten Semmeln, Zitronenschale, Majoran, Knoblauch, Petersilie und Liebstöckel hinzufügen. Mit Salz, Pfeffer und frisch geriebener Muskatnuss kräftig abschmecken. Das Schweinenetz in 4 Teile schneiden und die Masse portionsweise einwickeln. In 2 Essl. Öl anbraten. Blech einölen, angebratene Ofenleber daraufsetzen. Im vorgeheizten Ofen bei 160 Grad etwa 15 Minuten ziehen lassen. Speck in etwas Öl in einer Pfanne kurz anbraten, Zwiebelringe hinzufügen, glasig anschwitzen.

ANRICHTEN:

Ofenleber mit Thymian- und Rosmarinnadeln, Speck und Zwiebelringen garnieren. Dazu passt Rahmwirsing oder Kartoffel-Kresse-Salat.

WEINTIPPS:

• 2000 Côtes-du-Rhône „Tradition", Château de Saint-Cosme, Rhône, Frankreich
•• 1998 Terreus „Pago de Cueva Baja" Vino de Mesa, Bodegas Mauro, Kastilien und Leon, Spanien

braten. Vorbereitete Gemüse und Gewürze hinzufügen. Weitere 30–40 Minuten unter häufigem Begießen mit dem eigenen Saft garen. Kalbsbraten aus dem Ofen nehmen und in Alufolie gewickelt warm stellen. Kalbsniere salzen, pfeffern. In einer beschichteten Pfanne rundum ohne Fett etwa 5 Minuten anbraten. Für etwa 20 Minuten in den nun auf 150 Grad heruntergeschalteten Backofen stellen. Dabei häufig begießen, ausgetretenes Blut aus der Mitte herauslöffeln. Aus dem Ofen nehmen, in Alufolie einpacken, 10 Minuten ruhen lassen.

ANRICHTEN:

Kalbsschulter und Kalbsniere in Scheiben schneiden.
Mit den Röstgemüsen und der gehackten Petersilie anrichten.

WEINTIPPS:

• 1999 Crozes-Hermitage, Domaine du Murinais, Rhône, Frankreich
•• 1996 Viñas del Vero Gran Vos Reserva, Vinicola del Somontano, Somontano, Spanien

Paprikapulver wird aus Gewürzpaprika gewonnen. An seiner Farbe – es sollte schön rot sein – erkennt man, ob es frisch ist. In der österreichischen und ungarischen Küche wird vor allem edelsüßer Paprika verwendet. Er ist pikant und fruchtig-aromatisch. „Paprizieren" nennen die Österreicher das Würzen des Fleisches beim Anbraten. Dann entfaltet Paprikapulver sein Aroma am besten.

KALBSBRATEN
MIT KALBSNIERE

Schwierigkeitsgrad: mittelschwer, Zubereitungszeit: 2 Stunden plus Marinierzeit (1 ½ Std. – 1 Tag)

ZUTATEN FÜR 6–8 PERSONEN:

2 kg parierte Kalbsschulter, Salz, Pfeffer aus der Mühle, 1 Essl. edelsüßer Paprika, 4 gerebelte Thymianzweige, 150 g flüssige Butter, 0,15 l Olivenöl, 2 kg Kalbsknochen und Parüren (Abschnitte), 0,5 l Fleischbrühe, 140 g geschälter, grob gewürfelter Knollensellerie, 50 g geschälte, halbierte Petersilienwurzel, 300 g geviertelte weiße Zwiebel, 170 g geschälte, geviertelte Karotten, 6 angedrückte Knoblauchzehen, 2 halbierte Lorbeerblätter, 4 Gewürznelken, 1 parierte Kalbsniere im Fettmantel, 1 Essl. gehackte Petersilie

Kalbsschulter mit Salz, Pfeffer, Paprikapulver und Thymian einreiben. Flüssige Butter und Olivenöl mischen. Fleisch am besten über Nacht in der Mischung marinieren, mindestens aber 1 ½ Stunden. Kalbsknochen und Parüren in einen Bräter geben, marinierte Schulter daraufsetzen. Mit der Marinade bestreichen. Im auf 200 Grad vorgeheizten Ofen 30 Minuten braten, dabei oft mit Fleischbrühe begießen. Auf 170 Grad herunterschalten, weitere 15 Minuten

Waller oder Wels besitzt weißes, festes, schmackhaftes Fleisch und ist fast grätenlos. Er kann bis zu drei Meter lang werden. Die jungen Exemplare von maximal einem Meter Länge schmecken jedoch am aromatischsten.

gießen, einmal aufkochen, etwas abkühlen lassen. Gelatine darin einweichen und gut auflösen, nochmals herzhaft abschmecken. Wallerfilet mit Salz, Pfeffer und restlichem Zitronensaft würzen. In Pflanzenöl und Butter auf der Hautseite kurz anbraten. Für 8–10 Minuten in den auf 180 Grad vorgeheizten Ofen schieben. Herausnehmen und auf einem Blech kühl stellen. Terrinenform mit Klarsichtfolie auslegen. Im Tiefkühlfach vorkühlen. Zu einem Drittel dachziegelartig mit Rote-Bete-Scheiben auslegen, mit Gelee bedecken. Im Tiefkühlfach etwas gelieren lassen. Abgekühlten Waller auflegen. Mit restlichen Rote-Bete-Scheiben bedecken und mit dem Gelee auffüllen. Für etwa 4 Stunden im Kühlschrank durchkühlen und gelieren lassen.

ANRICHTEN:

Terrine stürzen, Folie abziehen. Auf einer Platte mit Petersilienblättern anrichten.

WEINTIPPS:

○ 2000 Sauvignon blanc Qualitätswein trocken, Robert Bauer, Württemberg
○○ 1999 Chardonnay Allier Barrique, Josef Schmid, Kremstal, Österreich

WALLERTERRINE
MIT ROTER BETE

Schwierigkeitsgrad: leicht, Zubereitungszeit: 1 ¹/₂ Stunden plus 1 Tag Marinier- und 4 Stunden Gelierzeit

ZUTATEN FÜR 1 TERRINE (1 LITER):

1 kg möglichst gleich große Rote Beten, ¹/₂ kg grobes Meersalz, 2–3 Essl. Kümmel, 0,5 l Rinderbrühe, Saft von 1 Zitrone, 5 Essl. Champagneressig, 2 Essl. alter Balsamessig, Salz, Pfeffer aus der Mühle, Cayennepfeffer, Zucker, 2 kleine, geputzte und halbierte Zwiebeln, 1 abgezogene Knoblauchzehe, 10 Blatt Gelatine, 1 Wallerfilet mit Haut à 400 g, 1 Essl. Pflanzenöl, ¹/₂ Essl. Butter, Petersilienblätter von glatter Petersilie als Dekoration

Rote Beten einzeln mit je 1 Teel. Meersalz und ¹/₂ Teel. Kümmel in Alufolie einwickeln. Den Boden eines flachen Bräters mit restlichem Meersalz bedecken. Rote Bete darauf setzen. 70–80 Minuten in den auf 200 Grad vorgeheizten Backofen stellen. Garprobe mit einer Nadel machen: Rote Beten weich, aber noch mit Biss aus der Folie nehmen, schälen. In dünne Scheiben schneiden. Rinderbrühe, Saft von ¹/₂ Zitrone, Champagner- und Balsamessig zu einer Marinade verrühren. 1 Teel. Kümmel hacken, hinzufügen. Mit Salz, Pfeffer, Cayennepfeffer und Zucker kräftig abschmecken. Zwiebelhälften und Knoblauch hinzufügen. Über die Rote-Bete-Scheiben gießen. Zugedeckt bei Zimmertemperatur einen Tag ziehen lassen. Rote-Bete-Scheiben aus der Marinade nehmen, abtropfen lassen. Marinade durch ein Sieb

FLUSSKREBSE MIT EINGELEGTEM KÜRBIS, KOPFSALAT UND DILLSPITZEN

Schwierigkeitsgrad: leicht, Zubereitungszeit: 30 Minuten, Herstellungszeit für den süßsauren Kürbis 1 Stunde plus 9 Tage Marinierzeit

ZUTATEN FÜR SÜSSSAUER EINGELEGTEN KÜRBIS (6 GLÄSER À 0,25 LITER):

3 unbehandelte Zitronen, 0,3 l Obstessig, 1,3 kg in 2 cm große Würfel geschnittener Kürbis, 1 Zimtstange, 5 Gewürznelken, Schale von 1 unbehandelten Zitrone, 400 g Zucker

Zitronen spiralförmig schälen, den Saft auspressen. Schalen und Saft mit dem Essig mischen, 8 Tage lang in einer Flasche ziehen lassen. Durch ein feines Sieb gießen, wieder in die Flasche geben. Kürbiswürfel in eine Schüssel geben. 0,25 l des Zitronenessigs mit Zimtstange, Nelken und der frischen Zitronenschale aufkochen. Über die Kürbiswürfel gießen. 24 Stunden zugedeckt ziehen lassen. Zitronenessig abgießen und auffangen. Mit Zucker aufkochen. Kürbis darin dünsten, bis er glasig ist. Heiß in vorbereitete Einmachgläser füllen und verschließen.

ZUTATEN FÜR 4 PERSONEN:

24 lebende Flusskrebse, 250 g Sauerrahm, Salz, Pfeffer aus der Mühle, Saft von ½ Zitrone, 1 kleines Bund gehackter Dill, Cayennepfeffer, 1 Essl. Apfelessig, 1 Glas süßsauer eingelegter Kürbis, 2 Essl. Pflanzenöl, 2 geputzte Kopfsalatherzen, 0,15 l Krebsfond, 1 Essl. eiskalte Butterflöckchen, Dillspitzen als Garnitur

Lebende Krebse in reichlich sprudelnd kochendes Salzwasser geben. Sofort herausheben. In eiskaltem Wasser abschrecken. Schwänze und größere Scheren ausbrechen. Därme und Galle entfernen. Sauerrahm mit Salz, Pfeffer, Zitronensaft und Dill verrühren. Mit Cayennepfeffer abschmecken. Apfelessig und etwas Sud vom eingelegten Kürbis mit Öl, Salz und Pfeffer zu einer Vinaigrette

Flusskrebse kommen zunehmend auch wieder aus europäischen Gewässern, deren Wasserqualität den hohen Ansprüchen der kleinen Krustentiere genügt. Sie haben von Juni bis September Saison. Flusskrebse schmecken am besten, wenn sie noch lebend in reichlich sprudelnd kochendes Wasser, gewürzt mit Salz und Dill, gegeben werden.

verrühren. Kopfsalatherzen hinzufügen. Kürbis abtropfen lassen. Krebsfond erhitzen, mit Butter aufschlagen. Krebse vor dem Servieren einschwenken.

ANRICHTEN:

Kürbis mit angemachtem Kopfsalat und lauwarmen Krebsen anrichten. Mit Sauerrahm und Dillspitzen garnieren.

WEINTIPPS:

○ 1999 Durbacher Plauelrain Scheurebe Spätlese trocken, Andreas Laible, Baden
○○ 1996 Chassagne-Montrachet Premier Cru „Clos Saint-Jean", Domaine Michel Niellon, Burgund, Frankreich

Butter aufschäumen, Spinat darin kurz schwenken.
Mit Salz, Pfeffer und Muskat würzen. Knoblauchzehe
auf eine Gabel spießen. Spinat damit umrühren.
In einem Topf Salzwasser zum Sieden bringen. Aus der
Hechtmasse mit zwei in Eiswasser getauchten Teelöffeln
Nockerln (Klößchen) formen. Im siedenden Wasser
(nicht kochen) etwa 2–3 Minuten garen.

ANRICHTEN:

Spinat in die Mitte der vorgewärmten Teller geben.
Hechtnockerln darauf setzen. Mit Sauce überziehen.
Sofort servieren.

WEINTIPPS:

○ 2000 Grüner Veltliner „Hochrain" Federspiel trocken,
Erich Machherndl, Wachau, Österreich
○○ 1998 Grüner Veltliner „M" Smaragd trocken,
F. X. Pichler, Wachau, Österreich

Hechte haben schmackhaftes edles Fleisch, aber auch viele
kleine fiese Gräten. Deshalb werden selbst kleinere Exemplare eher
selten im Ganzen zubereitet – und auch perfekte Filets lassen sich
nur nach mühevoller Feinarbeit servieren. Aus solch guten Gründen
bevorzugen Köche Hechtklößchen oder -nockerln; denn dabei
nimmt ihnen ein Haarsieb die Grätensuche mit der Pinzette ab.

HECHTNOCKERLN
AUF BLATTSPINAT

Schwierigkeitsgrad: leicht, Zubereitungszeit: 1 Stunde

ZUTATEN FÜR 4 PERSONEN:

250 g Hechtfilet, 1 Ei, 0,15 l eiskalte Sahne, Salz,
weißer Pfeffer aus der Mühle, frisch geriebene Muskatnuss,
0,25 l Fischfond, 65 ml Weißwein (Riesling) oder Champagner,
0,25 l Crème double, 1 Essl. Noilly Prat, 1 Spritzer Zitronensaft,
Cayennepfeffer, 30 g eiskalte gesalzene Butter in Würfeln,
2 Essl. geschlagene Sahne, 2 Essl. ungesalzene Butter,
400 g blanchierte junge Spinatblätter,
1 abgezogene Knoblauchzehe

Hechtfleisch durch die feine Scheibe eines Fleischwolfs drehen.
In eine auf Eis vorgekühlte Schüssel geben. Ei und
Sahne nach und nach einrühren, dabei zügig arbeiten.
Mit Salz, Pfeffer und Muskatnuss würzen.
Durch ein Haarsieb streichen, kühl stellen.
Für die Sauce Fischfond und Wein auf 0,125 l einkochen.
Crème double einrühren. Weiterkochen, bis die Sauce gebun-
den ist. Mit Noilly Prat, Zitronensaft, Salz und Cayennepfeffer
würzen. Gesalzene Butter mit einem Pürierstab unterschlagen.
Vor dem Servieren geschlagene Sahne unterheben.

ZANDER MIT KAPERN, GARTENGURKE UND SARDELLE

Schwierigkeitsgrad: leicht, Zubereitungszeit: 40 Minuten

ZUTATEN FÜR 4 PERSONEN:

1 Zander à 800 g (ausgenommen und geschuppt),
Salz, Pfeffer aus der Mühle, Saft von 1/2 Zitrone,
je 4 Stängel Dill und glatte Petersilie,
1 Essl. Mehl zum Panieren, 2 Essl. Öl, 2 Essl. Butter,
1 Essl. fein gewürfelte Schalotte, 4 Essl. Weißwein,
170 g geschälte, halbierte, entkernte Gartengurke,
1 gehackte Sardelle, 1 Essl. kleine Kapern,
1 Essl. gehackte Petersilie, 1 Teel. gehackter Dill,
1 Essl. kalte Butterflöckchen, blanchierte Zesten
(Schale, in hauchfeinen Streifen abgezogen) von 1/2 Zitrone

Zander am Rücken vom Kopf bis zur Hälfte des Körpers
etwa 2 cm tief einschneiden. Haut auf beiden Seiten
kreuzweise einschneiden. Zander innen und außen mit Salz,
Pfeffer und Zitronensaft würzen. Mit Dill und Petersilie füllen.
In Mehl panieren, überschüssiges Mehl abklopfen.

Öl und Butter in einer Pfanne aufschäumen lassen.
Zander auf beiden Seiten je 7–8 Minuten braten. Auf eine
vorgewärmte Platte geben. Schalotte im Bratensatz kurz
anschmoren, mit Weißwein ablöschen, Flüssigkeit etwas
einkochen. Gurke blanchieren, in Eiswasser abschrecken,
in 1/2 cm breite Streifen schneiden. Mit Sardelle,
Kapern, Petersilie, Dill und Butterflöckchen in die Sauce
einschwenken.

ANRICHTEN:

Fisch mit Gurken umgeben, mit Sauce begießen und
mit blanchierten Zitronenzesten bestreuen.

WEINTIPPS:

○ 2000 Terlaner Sauvignon blanc, Ignaz Niedrist,
Südtirol, Italien
○○ 1998 Milmanda Chardonnay, Miguel Torres,
Penedès, Spanien

GERÄUCHERTER SAIBLING
AUF GURKEN-KARTOFFEL-SALAT

Schwierigkeitsgrad: leicht, Zubereitungszeit: 1 Stunde plus 2 Tage Marinierzeit

ZUTATEN FÜR 4 PERSONEN:

Beizen:

je 2 Bund Dill, Kerbel und Petersilie (grob gehackt),
4 Stängel grob gehackte großblättrige Garten- oder
Daikonkresse, je 16 weiße und schwarze im Mörser zerstoßene
Pfefferkörner, je 4 im Mörser zerstoßene Pimentkörner und
Wacholderbeeren, 1 Essl. Zucker, 2 Essl. Salz, 4 Essl. Pflanzenöl,
Saft von 1 ½ Zitronen, 2 zerbröselte Lorbeerblätter,
4 ausgenommene Saiblinge à 350 g

Kräuter, Gewürze, Öl, Zucker, 1 ½ Essl. Salz und Zitronensaft
gut mischen. Ein Drittel davon auf dem Boden einer
flachen Schale ausbreiten. Saiblinge innen und außen salzen,

mit einem Drittel der Beize füllen, in die Schale legen und
mit restlicher Beize bedecken. Mit Klarsichtfolie abdecken.
24 Stunden kühl stellen, wenden und weitere 24 Stunden
beizen. Beize danach entfernen. Fische gut waschen, trocknen.

Räuchern:

4 Essl. Pflanzenöl, je 1 Bund gehackte Petersilie und Dill,
2 zerbröselte Lorbeerblätter, 3 grob gehackte Wacholderbeeren,
Räuchermehl (Anglerbedarf)

Saiblinge innen und außen mit Öl einreiben. Restliche
Zutaten mischen, Fisch damit füllen. Etwa 10–12 Minuten
bei 170 Grad im Räucherofen (oder im großen Topf auf
einem Rost) über Räuchermehl garen, nach der Hälfte der
Zeit wenden. Herausnehmen, filetieren oder ganz lassen.

Gurken-Kartoffel-Salat:

250 g flüssige saure Sahne, Salz, Pfeffer aus der Mühle,
Saft von ½ Zitrone, Cayennepfeffer, 1 Bund Dill (je zur
Hälfte gezupft und gehackt), 1 kleine, blanchierte, entkernte
und grob gewürfelte Gurke, 16 Kartoffeln (Grenaille oder
La Ratte, in der Schale gekocht und halbiert oder in Scheiben
geschnitten), 1 Bund gezupfte glatte Petersilie, 2 Essl. junge
gelbe Sellerieblätter, 1 Essl. Rotweinessig, 2 Essl. Pflanzenöl

Saure Sahne mit Salz, Pfeffer, Zitronensaft, Cayennepfeffer
und gehacktem Dill abschmecken. Die Hälfte der Gurken-
würfel und der Kartoffeln hinzufügen. Gezupfte Petersilie,
gezupften Dill und die Sellerieblätter durch eine Marinade
aus Rotweinessig, Pflanzenöl, Salz und Pfeffer ziehen.

ANRICHTEN:

Gurken und Kartoffeln in Sauerrahm auf vier Tellern
verteilen. Restliche Kartoffeln und Gurken extra reichen.
Saiblinge im Ganzen oder filetiert auflegen, dazu Petersilie,
Dill und Sellerie. Eventuell mit grobem Salz garnieren.

WEINTIPPS:

○ 1998 Kallstadter Annaberg Chardonnay Spätlese trocken,
Georg Henninger IV, Pfalz
○○ 1990 Clos Sainte-Hune Riesling, F. E. Trimbach,
Elsass, Frankreich

Saibling oder Rötel ist ein besonders edler Süßwasserfisch.
Der Seesaibling lebt in den tiefen, kalten und sauerstoffreichen
Gebirgsseen der Alpenländer. Er und sein Verwandter, der Bach-
saibling (siehe Foto rechts), haben feines, mageres, lachsfarbenes
Fleisch. Als Zuchtfisch ist der Bachsaibling leichter erhältlich
und kommt mit einer Länge von 30 bis 40 cm in den Handel.

PALATSCHINKEN MIT
KARAMELLCREME UND QUITTEN

Schwierigkeitsgrad: mittelschwer, Zubereitungszeit: 1 ½ Stunden

ZUTATEN FÜR 4 PERSONEN:

500 g Quitten, 500 g Zuckersirup (aus 0,5 l Wasser und 200 g Zucker), ein kleines Stück Zimtstange, 300 g Zucker, 0,1 l Sahne, 500 g geschlagene Sahne, 200 g Mehl, 1 Eigelb, 2 Eier, Salz, etwa 0,375 l Milch, Fett zum Backen

Quitten schälen, entkernen, würfeln. In Zuckersirup mit Zimtstange weich kochen. Erkalten lassen. Zucker in einer Pfanne zu Karamell schmelzen lassen. Mit Sahne ablöschen, damit der Karamell, wenn er erkaltet, dickflüssig bleibt. Nach dem Erkalten geschlagene Sahne unterheben. Mehl mit einem Teil der Milch, Eigelb, Eiern und Salz zu einem glatten, dicklichen Teig verrühren. Dann so viel Milch einrühren, dass ein dünnflüssiger Teig entsteht. 30 Minuten ruhen lassen. In einer gusseisernen Pfanne Fett erhitzen.

So viel Teig hineingeben, dass der Boden dünn bedeckt ist. Beim Eingießen des Teiges die Pfanne drehen, damit sich der Teig gleichmäßig verteilt. Palatschinken bei mäßiger Hitze auf beiden Seiten hellbraun backen. Zwischen Backpapier übereinander legen und warm halten.

ANRICHTEN:

Palatschinken auf Teller legen. Auf eine Hälfte mit einer Spritztülle die Karamellsahne aufspritzen. Die andere Hälfte überklappen. Mit Quittenwürfeln bestreuen. Mit Karamell verzieren.

WEINTIPPS:

● 1999 Banyuls „Rimage", La Cave de l'Abbé Rous, Banyuls, Frankreich
○○1995 Trockenbeerenauslese Grande Cuvée No. 12, Alois Kracher, Neusiedlersee, Österreich

SALZBURGER NOCKERLN

Schwierigkeitsgrad: mittelschwer, Zubereitungszeit: 30 Minuten

ZUTATEN FÜR 4–5 PERSONEN:

130 ml Milch oder Sahne, 40 g Butter,
3 gestrichene Teelöffel Vanillezucker, 10 Eiweiß, 60 g Zucker,
6 Eigelb, abgeriebene Zitronenschale, 40 g Mehl,
Puderzucker zum Bestreuen

In einer feuerfesten, ovalen Glas- oder Porzellanform Milch, Butter und 1 gestrichenen Teelöffel Vanillezucker aufkochen. Eiweiß zu sehr steifem Schnee schlagen, dabei nach und nach den Zucker einrieseln lassen. Eigelb mit 2 Teel. Vanillezucker verrühren. Eigelb-Zucker-Mischung, Zitronenschale und Mehl sehr vorsichtig unter den Eischnee heben. Drei große pyramidenförmige Nockerln formen, in die aufgekochte Milch einlegen. Bei 240 Grad im vorgeheizten Backofen etwa 8–10 Minuten backen. Die Nockerln sollten in der Mitte noch cremig sein.

ANRICHTEN:

Mit Puderzucker bestreuen und sofort servieren, da sie mit dem Abkühlen zusammenfallen.

TIPP:

Für eine einwandfreie Salzburger-Nockerl-Masse ist sehr steif geschlagener Schnee die Voraussetzung. Dazu sollte das Eiweiß ohne Eigelbreste in absolut fettfreiem Geschirr geschlagen werden. Eigelb und Mehl dürfen nur ganz leicht untergezogen werden.

WEINTIPPS:

∘ Crémant de Bourgogne brut, Domaine Bartnicki, Burgund, Frankreich
∘∘ 1998 Welschriesling Trockenbeerenauslese, Velich, Neusiedlersee, Österreich

MARILLENKNÖDEL

Schwierigkeitsgrad: mittelschwer, Zubereitungszeit: 1 Stunde

ZUTATEN FÜR 4 PERSONEN:

*250 g passierte, mehlig kochende Kartoffeln (noch warm), 45 g Weizenstärkemehl,
15 g Hartweizengrieß, 1 Eigelb,
Mark von 1 Vanilleschote,
abgeriebene Schale von 1 Zitrone, 1 Essl. flüssige Butter,
Salz, 8 Stücke Kandiszucker, 40 ml Marillenschnaps,
8 Marillen (Aprikosen), 125 g Butter,
je 1 Teel. Zucker und Vanillezucker, 1 Teel. Honig,
60 g altbackene, entrindete und klein geriebene Brioche,
20 g geschälte, gemahlene Mandeln,
3 fein gehackte Walnusskerne,
abgeriebene Schale von 1/2 Orange,
1 Messerspitze gemahlener Zimt, Puderzucker*

Warme Kartoffelmasse mit Stärkemehl und Grieß verkneten. Eigelb, Vanillemark, Schale von 1/2 Zitrone, flüssige Butter und 1 gehäuften Teel. Salz hinzufügen und zu einem glatten Teig verarbeiten. Kandiszucker in Marillenschnaps tränken. Marillen an einer Seite nur so weit einschneiden, dass der Stein eben entfernt werden kann. Durch den Kandis ersetzen. Teig in 8 Stücke teilen und zwischen bemehlten Händen flach klopfen. 1 Marille aufsetzen, dünn in den Teig einschlagen und einen Knödel formen. In reichlich Salzwasser 6–8 Minuten leicht köcheln lassen. Mit dem Schaumlöffel herausnehmen und in eine feuerfeste Form setzen. Ofen auf 200 Grad vorheizen. Butter in einer Pfanne aufschäumen lassen. Zucker, Vanillezucker und Honig zugeben und verrühren. Brioche-Brösel, Mandeln und Walnüsse untermengen. Unter ständigem Rühren goldbraun rösten (Achtung: Masse wird schnell schwarz!). Sofort in eine Schüssel füllen. Restliche Zitronen- und die Orangenschale sowie Zimt untermischen. Knödel mit Bröseln bedecken. Für etwa 5 Minuten in den Ofen geben, dabei immer wieder mit Bröseln bestreuen.

ANRICHTEN:

Sofort heiß auf Tellern anrichten.
Mit Puderzucker bestäuben.

WEINTIPPS:

○ 2000 „Vigna senza Nome" Moscato d'Asti, Braida-Giacomo Bologna, Piemont, Italien
○○1995 Ruster Gelber Muskateller Trockenbeerenauslese, Robert Wenzel, Neusiedlersee-Hügelland, Österreich

KARDINALSCHNITTEN

Schwierigkeitsgrad: mittelschwer, Zubereitungszeit: 1 Stunde

ZUTATEN FÜR 1 BLECH:

8 Eiweiß, 235 g Zucker, 20 g Weizenstärke, 2 Eier,
3 Eigelb, Mark von 1 Vanilleschote,
55 g gesiebtes Mehl, Puderzucker zum Bestäuben,
0,25 l Sahne, 20 g Puderzucker,
1–2 Essl. Kaffeepaste (vom Konditor, ersatzweise Espresso
oder Kahlua-Kaffeelikör), Kaffeesahne

Eiweiß mit 180 g Zucker zu sehr steifem Schnee schlagen, Weizenstärke unterheben. Für die Biskuitmasse Eier, Eigelb, 55 g Zucker und Vanillemark schaumig rühren. Mehl vorsichtig hinzufügen. Auf zwei Blatt Backpapier (je 15 x 40 cm) je drei Streifen Eischneemasse in gleichmäßigem Abstand mit großer Lochtülle des Spritzbeutels auftragen. In die beiden Lücken zwischen den Eischneestreifen den Biskuitteig auftragen. Mit Puderzucker bestäuben. Im vorgeheizten Ofen bei 170 Grad etwa 15 Minuten mit eingehängtem Zug (Ofen bleibt einen Spalt geöffnet) backen. Wenden, weitere

15 Minuten mit offenem Zug (weiter geöffnet) fertig backen. Auskühlen lassen, das Papier abziehen. Einen der beiden Streifen als Unterteil verwenden. Sahne mit 20 g Puderzucker zusammen aufschlagen. Mit Kaffeepaste abschmecken. Kaffeesahne auf das Unterteil aufstreichen. Mit der Sahne belegen. Zweiten Streifen in Schnittenbreite schneiden, auflegen. Mit Puderzucker bestreuen. Vor dem Servieren aufschneiden.

GETRÄNKETIPPS:

Kahlua-Kaffee-Likör
•• 1991 Porto „Colheita", Niepoort, Portugal

MOHNSOUFFLÉ MIT ROTWEINBIRNEN

Schwierigkeitsgrad: mittelschwer, Zubereitungszeit: 1 Stunde

ZUTATEN FÜR 4 PERSONEN:

0,25 l Milch, 25 g gemahlener Mohn, 220 g Zucker,
1 Prise Zimt, ½ Essl. Honig, ½ Essl. Rum, abgeriebene
Schale von ½ Zitrone, Mark von ½ Vanilleschote,
je 2 Teel. Mondamin und Vanillepuddingpulver, 3 Eigelb,
3 Eiweiß, Butter und Zucker zum Auskleiden der Förmchen,
5 geschälte, geviertelte und entkernte Birnen (mit einer
½ Zitrone in Wasser legen, damit sie nicht braun werden),
Schale von 1 Orange, Saft von 2 Orangen,
1 Sternanis, 1 Zimtstange, 1 Lorbeerblatt,
2 Gewürznelken, 0,25 l Birnensaft, 0,25 l roter Portwein,
0,25 l Rotwein, 1 Essl. Mondamin

0,2 l Milch mit Mohn, 2 Teel. Zucker, Zimt, Honig, Rum,
Zitronenschale und Vanillemark aufkochen. Mondamin
und Puddingpulver mit dem Rest der Milch anrühren.
Unter ständigem Rühren in die vom Herd genommene
Mohn-Milch-Mischung geben, bis sie cremig ist.
Zugedeckt abkühlen lassen, dann mit dem Eigelb
verrühren. Eiweiß mit 60 g Zucker steif schlagen, unter

Mohn ist eine unverzichtbare Zutat vieler österreichischer Mehlspeisen wie Mohnnudeln, Germknödeln, Mohnbeugeln (gefüllte Hefeteighörnchen) oder Mohnkoch (Auflauf mit Semmeln, Mandeln und Mohn). Die blauschwarzen Samen des Schlafmohns entfalten ihr nussiges Aroma am besten, wenn sie vor Gebrauch angeröstet werden.

die Mohnmasse heben. In vier gebutterte und gezuckerte
Förmchen füllen. Im Wasserbad bei 200 Grad im Ofen etwa
25 Minuten pochieren.
150 g Zucker in einem Topf karamellisieren lassen. Restliche
Zutaten bis auf Mondamin hinzufügen, aufkochen, Flüssigkeit
auf die Hälfte einkochen. Etwas Flüssigkeit abnehmen, mit
Mondamin verrühren, unter Rühren in den Topf geben,
einmal aufkochen lassen. Birnenviertel aus dem Wasser
nehmen, in den Pochiersud geben und bei niedriger Hitze
5–7 Minuten garen. Die Birnen sollen noch Biss haben.

ANRICHTEN:

Mohn-Soufflé auf die Teller stürzen, mit
Birnenvierteln umlegen und Sud angießen.

WEINTIPPS:

● „Concerto" Lambrusco Reggiano, Medici Ermete & Figli,
Emilia Romagna, Italien
●● 1998 Vin doux naturel rouge, Domaine
La Soumade, Côtes-du-Rhône, Frankreich

Im NORDEN Heringssalat,

im SÜDEN Schweinsbraten:

Die folgenden Seiten gehören

der Verfeinerung der DEUTSCHEN

REGIONALKÜCHE, darunter auch

BADISCHES wie Schneckensüpple

und der SCHWABENKLASSIKER

Maultaschen. Witzigmanns Hommage

an seine WAHLHEIMAT!

DEUTSCHLAND

RAHMSUPPE
VON GRÜNEN ERBSEN

Schwierigkeitsgrad: leicht, Zubereitungszeit: 2 Stunden plus 1 Nacht Einweichzeit

ZUTATEN FÜR 4 PERSONEN:

100 g grüne Trockenerbsen, 130 g Butter, 100 g in kleine Würfel geschnittene Zwiebeln, 1 sehr klein gehackte Knoblauchzehe, 100 g in Scheiben geschnittene Lauchstange (weißer Teil), 1 geschälte, in Scheiben geschnittene mittelgroße Kartoffel, 1 l Geflügelbrühe oder Wasser, 200 g mild geräucherter Bauchspeck oder Kasseler Rippenspeer, 1 Bund Petersilie, 1 Prise Majoran, Salz, schwarzer Pfeffer aus der Mühle, 100 g halbfest geschlagene Sahne, Croûtons nach Geschmack

Erbsen über Nacht einweichen. 50 g Butter in einem Topf zerlassen. Zwiebeln, Knoblauch, Lauch und Kartoffel farblos anschwitzen. Wasser oder Brühe hinzufügen. Erbsen abgießen, mit Bauchspeck und Petersilienbund in den Topf geben. Mit einer Prise Majoran, Salz und Pfeffer würzen. Deckel auflegen und im vorgeheizten Ofen bei 170 Grad 1 ½ Stunden köcheln lassen. Petersilienbund entfernen. Bauchspeck in kleine Würfel schneiden. Drei Viertel der Erbsen herausheben, pürieren. Mit dem Bauchspeck zur Suppe geben. Restliche Butter (80 g) bräunen, einrühren.

ANRICHTEN:

Auf vorgewärmten Tellern servieren, mit Schlagsahne garnieren. Nach Geschmack Croûtons dazugeben.

WEINTIPPS:

○ 2001 La Bergerie de l'Hortus „Classique blanc", Domaine de l'Hortus, Languedoc, Frankreich
○○ 1999 Bürgstadter Centgrafenberg Weißer Burgunder Spätlese trocken, Rudolf Fürst, Franken

HIRSCHCREMESUPPE
MIT PFIFFERLINGEN

Schwierigkeitsgrad: leicht, Zubereitungszeit: 1 Stunde plus 12 Stunden Marinierzeit

ZUTATEN FÜR 6–8 PERSONEN:

2 Flaschen trockener Rotwein à 0,75 l, 0,1 l roter Portwein, 1 frisches Lorbeerblatt, 1 Essl. angedrückter Wacholder, ½ Teel. zerstoßener schwarzer Pfeffer, Salz, 1–2 Sternanis, 1 Zimtstange, 1 entbeinte Hirschkalbschulter à 1 kg, 200 g geputzte kleine Pfifferlinge, 1 Essl. Preiselbeeren, 2 Essl. Sahne, 2 Essl. saure Sahne

Rotwein und Portwein mit Lorbeer, Wacholder, Pfeffer, Salz, Sternanis und Zimt aufkochen. Um ein Viertel reduzieren. Hirschkalbschulter einlegen, über Nacht marinieren. Am nächsten Tag das Fleisch herausnehmen, in 1 cm große Würfel schneiden. Marinierflüssigkeit durch ein Sieb geben, nochmals um ein Viertel reduzieren. Fleisch hinzufügen, etwa 20 Minuten köcheln lassen. Pfifferlinge hinzufügen, weitere 10 Minuten köcheln lassen. Mit Preiselbeeren, Sahne und saurer Sahne abschmecken. Nach Bedarf salzen.

ANRICHTEN:

Suppe in vorgewärmten tiefen Tellern servieren. Dazu passen in Butter angebratene Schupfnudeln.

WEINTIPPS:

● 1999 Ehrenstetter Ölberg Spätburgunder Qualitätswein trocken, Winzergenossenschaft Ehrenstetten, Baden
○○ 2000 Hill 3 Trockenbeerenauslese, Leo Hillinger, Neusiedlersee-Hügelland, Österreich

SCHNECKENSÜPPCHEN

Schwierigkeitsgrad: leicht, Zubereitungszeit: 30 Minuten

ZUTATEN FÜR 4 PERSONEN:

60 g fein gehackter Lauch, 60 g fein gehackte Karotten,
2 Essl. Butter, 0,2 l Schneckensud (aus der Dose),
0,35 l Weißwein, 0,35 l Sahne, 4 Eigelb,
4–5 Essl. Dijon-Senfcreme, Salz,
Pfeffer aus der Mühle, 100 g Schnecken (aus der Dose),
2 Essl. Weißbrot-Croûtons,
1 Essl. gezupfte Brunnenkresse

Lauch und Karotten in Butter anschwitzen. Mit Schneckensud,
Wein und Sahne aufgießen. Etwa 10 Minuten köcheln lassen.
Mit Eigelb und Senfcreme binden. Mit Salz und Pfeffer
abschmecken. Schnecken hinzufügen, 3 Minuten ziehen lassen.

ANRICHTEN:

In vorgewärmten Tassen mit Croûtons und
Brunnenkresse garnieren.

WEINTIPPS:

○ 2001 Sulzfelder Cyriakusberg Silvaner Kabinett trocken,
Zehnthof-Luckert, Franken
●● 2000 Untertürkheimer Gips Spätburgunder *** trocken
(alte Reben), Gerhard Aldinger, Württemberg

Schnecken eroberten die deutsche Küche einst als
Fastenspeise. Mitte des letzten Jahrhunderts galten
Weinbergschnecken – mit Kräuterbutter im Pfännchen
serviert – als Ausdruck feiner Lebensart. Heute stehen
sie vor allem in Weinbaugebieten auf den Speisenkarten.

1 Spritzer Estragonessig, 1 Prise Zucker, Salz,
Pfeffer aus der Mühle, 1 Prise Cayennepfeffer, 40 ml Sahne

Alle Zutaten mit einem Pürierstab aufmixen.

Reibekuchen:
600 g fest kochende Kartoffeln, 1–2 mittelgroße Zwiebeln,
3 Eier, schwarzer Pfeffer aus der Mühle, Salz,
frisch geriebene Muskatnuss, 0,3 l Öl zum Braten

Kartoffeln und Zwiebeln schälen und auf einer feinen Reibe
reiben. Flüssigkeit auspressen, bis die Masse möglichst trocken
ist. 3 Eier verquirlen und unterheben. Mit Pfeffer, Salz und
Muskatnuss abschmecken. Öl in einer Pfanne stark erhitzen.
Aus je 2 Essl. Teig nacheinander 8 dünne Reibekuchen kross
ausbacken. Auf Küchenkrepp entfetten.

ANRICHTEN:
Reibekuchen mit Tatar auf Tellern anrichten. Tatar mit
Kräutern bestreuen und mit Öl beträufeln. Sauce angießen.

WEINTIPPS:
○ Bouvet „Cuvée Trésor" Brut, Bouvet-Ladubay, Loire,
Frankreich
○○ 1999 Chassagne-Montrachet Premier Cru „La Virondot"
blanc, Marc Morey, Burgund, Frankreich

REIBEKUCHEN
MIT TATAR

Schwierigkeitsgrad: leicht, Zubereitungszeit: 1 Stunde

ZUTATEN FÜR 4 PERSONEN:

Tatar:
360 g Rinderfilet oder Rinderhüfte,
4 fein gehackte Cornichons, 2 Essl. fein gehackte kleine Kapern,
2 fein gewürfelte Sardellenfilets, 2 Essl. fein gehackte
glatte Petersilie, 40 g fein gewürfelte weiße Zwiebel, Salz,
schwarzer Pfeffer aus der Mühle, 1 Spritzer Worcestershiresauce,
1–2 Teel. grober Senf, 1 kräftige Prise edelsüßes Paprikapulver,
1–2 Eigelb, Garnitur: 1 Bund gezupfter Kerbel,
1 Bund fein geschnittener Schnittlauch, etwas Petersilie,
2 Essl. neutrales Pflanzenöl

Rinderfilet mit einem scharfen Messer sehr fein hacken. In
eine Schüssel geben, auf Eis stellen. Cornichons, Kapern,
Sardellen, Petersilie und Zwiebel untermischen. Salzen, kräftig
pfeffern. Mit Worcestershiresauce, Senf, Paprika und Eigelb
herzhaft abschmecken.

Sauce:
1 Ei (Zimmertemperatur), 10 g mittelscharfer Senf,
0,1 l Pflanzenöl (Zimmertemperatur), Saft von ½ Zitrone,

Kartoffeln werden in rund 200 Sorten und in höchst unterschiedlicher Qualität angeboten. Neben wohl schmeckenden Biokartoffeln (z. B. Linda) wählen Feinschmecker vor allem die französische La Ratte und das Bamberger Hörnchen (weil festkochend und besonders aromatisch) für ihre Zubereitungen.

WITZIGMANNS VARIATION VOM GAISBURGER MARSCH:
RINDFLEISCH-KARTOFFEL-WURZEL-EINTOPF MIT SPÄTZLE

Schwierigkeitsgrad: leicht, Zubereitungszeit: 4 Stunden

ZUTATEN FÜR 4 PERSONEN:

Brühe:

*etwa 1 kg durchwachsenes Beinfleisch
vom Rind (am Knochen), 2 geschälte Karotten,
150 g geschälter Knollensellerie,
½ an der Schnittfläche angebräunte Zwiebel,
½ mit 1 Lorbeerblatt und 3 Nelken gespickte Zwiebel,
Meersalz, 5 gestoßene schwarze Pfefferkörner,
1 Bouquet garni aus 1 kleinen Lauchstange und
2 Petersilienstängeln*

Alle Zutaten mit 2,5 Liter kaltem Wasser in einen
schweren Topf geben. Zum Kochen bringen,
abschäumen. Etwa 3 Stunden bei niedriger Hitze
köcheln lassen. Fleisch herausnehmen, Brühe
durch ein Sieb gießen.

Gemüse und Einlage:

*1 l Fleischbrühe, 300 g geschälte, in Würfel geschnittene
Kartoffeln, 100 g geputzte, in 2 cm große Stücke
geschnittene Karotten, 100 g geschälter, in 2 cm große
Würfel geschnittener Knollensellerie, 80 g in Ringe
geschnittener Lauch, 400 g vom vorbereiteten Beinfleisch
ohne Fett und Knochen (in Würfel oder Scheiben
geschnitten), 60 g gekochte Spätzle, 1 Prise Muskatnuss,
Salz, Liebstöckel, gezupfte glatte Petersilie als Garnitur*

Fleischbrühe mit Kartoffeln, Karotten und
Knollensellerie zum Kochen bringen.
Etwa 10 Minuten weich köcheln, Lauch hinzufügen.
Weitere 5 Minuten köcheln lassen. Beinfleisch und
Spätzle hinzufügen. Mit etwas Muskatnuss, Salz und
Liebstöckel abschmecken. 5 Minuten ziehen lassen.

ANRICHTEN:

Auf tiefen Tellern anrichten, mit glatter
Petersilie garnieren.

WEINTIPPS:

• 1999 Stettener Mönchberg Trollinger „S"
Qualitätswein trocken, Karl Haidle, Württemberg
•• 1990 Château de Pibarnon Rouge,
Bandol, Frankreich

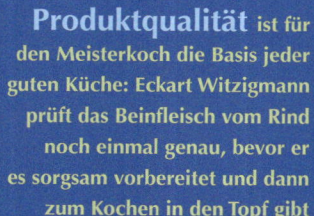

Produktqualität ist für
den Meisterkoch die Basis jeder
guten Küche: Eckart Witzigmann
prüft das Beinfleisch vom Rind
noch einmal genau, bevor er
es sorgsam vorbereitet und dann
zum Kochen in den Topf gibt

Brot mit Wurstsalat, Radieschen, Obazta und Mettwurst

Schwierigkeitsgrad: leicht, Zubereitungszeit: 30 Minuten

Zutaten für 4 Personen:

Obazta:

*120 g Miesbacher oder Romadur-Käse, 200 g Frischkäse,
100 g Camembert, 100 g weiche Butter, 1 fein gewürfelte, blanchierte
Zwiebel, 1 Essl. sehr feine Schnittlauchröllchen, 1 Teel. Paprikapulver,
1 Prise gehackter Kümmel, Salz, Pfeffer aus der Mühle*

Alle Käsesorten kräftig mit einer Gabel zerdrücken. Mit Butter
und den Zwiebelwürfeln verrühren. Schnittlauch unterheben und
mit Paprikapulver, Kümmel, Salz und Pfeffer würzen.

Wurstsalat:

*400 g Regensburger Wurst, 150 g Gewürzgurken,
1/2 rote Paprikaschote, 1 in dünne Ringe geschnittene weiße Zwiebel,
1 Essl. fein gehackte glatte Petersilie, 1 Teel. Senf,
2 Essl. Weißweinessig, 1 Essl. Pflanzenöl, Salz, Pfeffer aus der Mühle*

Wurst in schier unendlicher Vielfalt gehört zur kulinarischen Identität Deutschlands wie kein zweites Lebensmittel. Wer nachzählt, kommt schnell auf mehr als 1500 Sorten, die für Kinder produzierten Varianten mit Gesichtern oder Figuren nicht mitgerechnet. Der Erfindungsreichtum der Metzger scheint grenzenlos, ebenso wie die Nachfrage der deutschen Wurstfans.

Brot ist zwar ein Grundnahrungsmittel, aber längst nicht mehr überall in guter Qualität zu finden. Über 200 Brotsorten werden in Deutschland angeboten. Und wenn sie aus Natursauerteig gebacken sind, akzeptiert sie auch Eckart Witzigmann für eine zünftige Brotzeit mit Wurstsalat.

Wurst und Gewürzgurken längs in Scheiben, dann in Streifen schneiden. Paprika fein würfeln. Alles mischen. Zwiebel, Petersilie, Senf, Weißweinessig und Pflanzenöl unterheben. Mit Salz und Pfeffer abschmecken.

Weitere Zutaten:

*1 Bund in Scheiben geschnittene Radieschen, Salz,
1 Essl. Schnittlauch, 200 g Schweinemettwurst,
gebratene Zwiebelringe,
kräftiges Landbrot (aus Natursauerteig)*

Anrichten:

Brotscheiben auf Tellern auslegen. Zu je einem Viertel quer mit Wurstsalat, Obazta, gesalzenen Radieschenscheiben mit Schnittlauch und Schweinemettwurst mit gebratenen Zwiebelringen belegen.

Getränketipps:

Mühldorfer Weißbier Dunkel, Brauerei Unertl, Haag in Oberbayern
Lagerbier hell, Augustinerbräu, München

AAL GRÜN

Schwierigkeitsgrad: mittelschwer,
Zubereitungszeit: 1 Stunde plus 1 Stunde Marinierzeit

ZUTATEN FÜR 4 PERSONEN:

Gemüsefond:

40 g gewürfelte Karotte, 50 g gewürfelter Sellerie,
80 g gewürfelter Lauch, 120 g gewürfelte Zwiebeln,
5 geviertelte kleine Champignons, 5 Petersilienstängel,
1 Essl. zerstoßener schwarzer Pfeffer,
0,5 l trockener Weißwein, Salz

Alle Zutaten mit einem halben Liter Wasser zum
Kochen bringen. 30 Minuten bei niedriger Hitze
köcheln lassen. Durch ein Sieb gießen. Salzen.

Aal grün:

1 frischer, abgezogener und in 5 cm lange Stücke
geschnittener Aal, Saft von 1 Zitrone,
1 Teel. grob gemahlener schwarzer Pfeffer,
5 Stängel Dill, Salz, 0,5 l vorbereiteter Gemüsefond,
½ klein gewürfelte Schalotte, 60 ml Weißwein,
1 Bouquet garni (1 Lorbeerblatt, 4 Dillzweige)

Aal mit Zitrone, Pfeffer, Dill und Salz würzen.
1 Stunde ziehen lassen. Gemüsefond mit Schalotte,
Weißwein und Bouquet garni aufkochen. Marinierten
Aal hineingeben, 15 Minuten ziehen lassen. Bouquet
garni entfernen. Aalstücke aus dem Fond nehmen,
warm halten. Aalfond für die Sauce verwenden.

Sauce:

20 g Butter, 25 g Mehl, 0,5 l Aalfond, 0,25 l Sahne,
1 Teel. Zitronensaft, 1 Prise Cayenne, 1 Essl. Crème
fraîche, 1 Spritzer Worcestershiresauce, 4 fein gehackte
Sauerampferblätter, 10 gegarte Flusskrebsschwänze

Butter in einem Topf zerlassen. Mehl langsam darin
hell anschwitzen. Aalfond nach und nach hinzufügen.
Sorgfältig mit einem Schneebesen glatt rühren, etwa
15 Minuten köcheln lassen. Sahne angießen. Einmal
aufkochen lassen. Mit Zitrone, Cayenne, Crème
fraîche und Worcestershiresauce abschmecken. Kurz
vor dem Servieren den Sauerampfer einrühren.

ANRICHTEN:

Aalstücke fünf Minuten in der Sauce
ziehen lassen. Auf vorgewärmten Tellern anrichten.
Mit Flusskrebsschwänzen garnieren.

WEINTIPPS:

○ 2000 Nimburg-Bottinger Steingrube Grauburgunder
Kabinett trocken, Otto Fischer, Baden
○○ 1996 Chassagne-Montrachet Premier Cru
„Clos de la Truffière", Michel Niellon,
Burgund, Frankreich

Mayonnaise mit Estragonsenf, Jogurt, Sauerrahm, Salz, Zucker, etwas Zitronensaft, Pfeffer, Meerrettich und Worcestershiresauce zu einer homogenen Sauce verrühren. Kartoffelwürfel mit dem Wodka beträufeln, hinzufügen. Apfelwürfel mit Zitronensaft beträufeln, mit den Gewürzgurken dazugeben. Matjes, Schwedenhappen, Kräutermatjes, Sardellen, Kapern, Rote Bete, Schinken und Zwiebelwürfel hinzufügen. Behutsam mischen. Abschmecken und über Nacht im Kühlschrank ziehen lassen. Gartengurke schälen, entkernen, grob raspeln. Mit Salz mischen, Wasser ziehen lassen. Abspülen und fest ausdrücken. Mit dem gehackten Dill vor dem Servieren unter den Matjessalat rühren. Nochmals abschmecken.

ANRICHTEN:

Matjessalat mit Friséesalat anrichten.

GETRÄNKETIPPS:

Stauder Pils, Essen
Mühldorfer Weißbier, Brauerei Unertl,
Haag in Oberbayern

MATJESSALAT MIT
GURKE UND ROTER BETE

Schwierigkeitsgrad: leicht,
Zubereitungszeit: 30 Minuten plus 1 Nacht Marinierzeit

ZUTATEN FÜR 6 PERSONEN:

Mayonnaise:

1 Ei (Zimmertemperatur), 10 g mittelscharfer Senf,
100 ml Pflanzenöl, Saft von $\frac{1}{2}$ Zitrone, 1 Spritzer Estragonessig,
1 Prise Zucker, 1 Prise Cayennepfeffer, Salz,
schwarzer Pfeffer aus der Mühle, 40 ml flüssige Sahne

Alle Zutaten mit dem Pürierstab zu einer Mayonnaise aufmixen.

Matjessalat:

2 Essl. vorbereitete Mayonnaise, 1 Teel. Estragonsenf,
150 g Rahmjogurt, 200 g Sauerrahm, Salz, 1 Prise Zucker,
Saft von 1 Zitrone, schwarzer Pfeffer aus der Mühle,
2 Essl. frisch geriebener Meerrettich, 1 Spritzer Worcestershiresauce,
150 g gekochte, in $\frac{1}{2}$ cm große Würfel geschnittene Kartoffeln,
40 ml Wodka, 1 mittelgroßer Granny-Smith-Apfel
(entkernt, geschält und in $\frac{1}{2}$ cm große Würfel geschnitten),
3 gewürfelte pikante Gewürzgurken, 150 g gewürfeltes Matjesfilet,
75 g abgetropfte, gewürfelte Schwedenhappen,
125 g gewürfelte Kräutermatjesfilets,
8 Sardellenringe mit Kapern (gewürfelt), 1 Essl. kleine Kapern,
150 g gewürfelte Rote Bete (aus dem Glas),
50 g in $\frac{1}{2}$ cm große Würfel geschnittener gekochter Schinken,
100 g blanchierte, gut abgetropfte Zwiebelwürfel,
1 kleine Gartengurke, 1 kleines Bund gehackter Dill, Friséesalat

Hering galt früher als Arme-Leute-Essen – nicht wegen seines Geschmacks, sondern weil er reichlich am Markt und billig war. Heute wird er in vielerlei Zubereitungen als Delikatesse geschätzt. Besonders beliebt ist das Matjesfilet vom jungen, noch nicht laichreifen Hering.

MAULTASCHEN MIT FORELLEN-SPINAT-FÜLLUNG
REZEPT AUF SEITE 76

MAULTASCHEN MIT FORELLEN-SPINAT-FÜLLUNG

Schwierigkeitsgrad: mittelschwer, Zubereitungszeit: 2 ¹/₂ Stunden

ZUTATEN FÜR 4 PERSONEN:

Forellenfond:

*700 g Forellenkarkassen (beim Fischhändler bestellen),
120 g in Stücke geschnittener Lauch (weißer Teil),
100 g gewürfelter Staudensellerie, 80 g gewürfelte weiße
Zwiebeln, 100 g geputzte, grob geschnittene Champignons,
5 Petersilienstängel, 2 Lorbeerblätter, 1 Teel. Meersalz,
10 zerdrückte Pfefferkörner, 0,25 l Chardonnay, 0,1 l Noilly Prat*

Forellenkarkassen unter fließendem kaltem Wasser säubern
und kurz wässern. Wasser mehrmals wechseln, bis es klar
bleibt. Karkassen gut abtropfen lassen. Lauch, Staudensellerie,
Zwiebeln und Champignons in einem erhitzten beschichteten
Topf ohne Fett farblos anschwitzen. Karkassen, Petersilie
und Lorbeer hinzufügen, salzen. Zugedeckt etwa 5 Minuten
dünsten. Pfefferkörner hinzufügen. Chardonnay und Noilly
Prat angießen, aufkochen, Flüssigkeit auf zwei Drittel
reduzieren. 0,65 Liter Wasser hinzufügen, aufkochen.
Hitze reduzieren, etwa 30 Minuten köcheln lassen. Durch ein
grobes Sieb gießen. Feste Teile etwas ausdrücken. Ein feineres
Sieb mit einem Passiertuch auslegen. Fond erneut passieren.

Forellen-Wurzel-Sud:

*60 g schräg in dünne Scheiben geschnittener Staudensellerie,
40 g in Dreiecke geschnittener Knollensellerie, 40 g in Scheiben
geschnittene Karotte, 1 abgezogene, in Scheiben geschnittene
Knoblauchzehe, 80 g in Streifen geschnittene rote Zwiebeln,
20 g Butter, 0,5–0,75 l vorbereiteter Forellenfond,
Bouquet garni (1 Stiel Dill, 2 Petersilienstängel, 1 Lorbeerblatt),
Salz, Pfeffer aus der Mühle, 1 Essl. Weißweinessig*

Stangen- und Knollensellerie, Karotten, Knoblauch und Zwiebeln in Butter farblos anschwitzen. Forellenfond angießen.
Bouquet garni einlegen, 10 Minuten köcheln. Bouquet garni
entfernen, mit Salz, Pfeffer und Essig abschmecken.

Maultaschen:

*10 g Butter, 50 g sehr fein gewürfelte weiße Zwiebel,
1 Messerspitze sehr fein gewürfelte Knoblauchzehe,
80 g geputzter frischer Spinat, Salz, schwarzer Pfeffer aus der
Mühle, 20 g in Wasser eingeweichtes, entrindetes Weißbrot,
80 g fein gewürfeltes Bachforellenfilet ohne Gräten,
1 Eigelb, 1 Spritzer Zitronensaft, 120 g Nudelteig (aus
80 g Mehl, 1 Ei und Salz), 1 Eiweiß*

Butter zerlassen, Zwiebeln und Knoblauch darin goldgelb anbraten. Spinat hinzufügen, zusammenfallen lassen (1 Minute).
Salzen, pfeffern, abkühlen lassen. Weißbrot gut ausdrücken,
mit dem Forellenfilet gut untermischen, alles sehr fein hacken.
Eigelb einrühren. Mit Salz, Pfeffer und Zitronensaft würzen.
Nudelteig zu einer Bahn von 35 x 12 cm ausrollen, auf
bemehlter Arbeitsfläche auslegen. Forellenfarce als Tupfen mit
dem Spritzbeutel längs auf der linken Seite aufspritzen,
zwischen den Tupfen genügend Abstand lassen. Teigrand mit

Eiweiß bestreichen. Beide Seiten überschlagen, Ränder
gut andrücken. Außenkanten gerade schneiden. Teig
in etwa 5 cm große Maultaschen schneiden. In siedendem
Salzwasser 5 Minuten garen. Gut abtropfen lassen.

Weitere Zutaten:

*4 quer in Stücke geschnittene Bachforellen-
filets ohne Haut à 100 g, Salz, Pfeffer aus der Mühle,
klein gehackte glatte Petersilie*

Forellenfiletstücke salzen, pfeffern.
Im Forellen-Wurzel-Sud 2–3 Minuten gar ziehen lassen.
Maultaschen einlegen. Abschmecken.

ANRICHTEN:

Maultaschen und Forellenfilets mit dem Sud in
vorgewärmte Teller schöpfen. Mit Petersilie garnieren.

WEINTIPPS:

∘ 2000 Weißburgunder Qualitätswein trocken,
Hans-Peter Wöhrwag, Württemberg
∘∘ 1995 Dürnsteiner Kellerberg Grüner Veltliner
Smaragd, F. X. Pichler, Wachau, Österreich

ANRICHTEN:

Linsensalat als Spiegel auf den Tellern anrichten. Mit je einem karamellisierten und einem nicht karamellisierten Aalstück belegen. Radieschenscheiben und Lauchstangen anlegen. Mit Schnittlauchröllchen und frittierten Kartoffelstreifen garnieren.

WEINTIPPS:

○ 1999 Grüner Veltliner „Von den Terrassen Weißenkirchen", Manfred Jäger, Wachau, Österreich
○○ 1996 Baron de „L" Pouilly Fumé, Château du Nozet-Ladoucette, Loire, Frankreich

LINSENSALAT
MIT RÄUCHERAAL

**Schwierigkeitsgrad: leicht,
Zubereitungszeit: 45 Minuten plus Einweichzeit**

ZUTATEN FÜR 4 PERSONEN:

100 g über Nacht eingeweichte feinste Berglinsen, 1/2 klein gewürfelte weiße Zwiebel, 4 geputzte kleine Stangen Staudensellerie, 4 Essl. Balsamessig, Salz, 3 Essl. Olivenöl, schwarzer Pfeffer aus der Mühle, 1 Essl. Zucker, 4 Stücke Aalfilet à 100 g, 2 mittelgroße Lauchstangen, 4 in dünne Scheiben geschnittene Radieschen, Garnitur: 1 Essl. Schnittlauchröllchen, 2 Essl. frittierte dünne Kartoffelstreifen

Linsen mit Zwiebel und Sellerie 15 Minuten kochen, abgießen. Sie sollen noch Biss haben. Sellerie entfernen. 2 Essl. Balsamessig mit Salz verrühren, Olivenöl und Pfeffer hinzufügen. Mit den Linsen mischen. Zucker mit restlichem Balsamessig in einer kleinen Pfanne karamellisieren. Mit 1 Essl. Wasser ablöschen. Aalfilets quer halbieren. 4 Stücke in der Pfanne braten, mehrmals wenden. Lauchstangen putzen, blanchieren, in Eiswasser abschrecken. Halbieren. Von der grünen Seite her fächerartig einschneiden.

FINKENWERDER SCHOLLE

Schwierigkeitsgrad: leicht, Zubereitungszeit: 40 Minuten

ZUTATEN FÜR 4 PERSONEN:

4 ausgenommene Schollen à 400 g, 8–10 Essl. Öl,
2 Essl. Tempura-Mehl, 300 g gewürfelter Bauchspeck, 12 Scheiben in
dünne Streifen geschnittener Bacon, 600 g klein gewürfelte Kartoffeln,
Salz, schwarzer Pfeffer aus der Mühle, 2 Essl. fein gehackte Petersilie

Schollen waschen, trockentupfen. Auf der braunen Oberseite
mehrmals schräg zur Mittelgräte einschneiden. Öl in einer großen
Pfanne erhitzen. Schollen mit Tempura-Mehl bestäuben und
auf beiden Seiten bei niedriger Hitze je 5 Minuten knusprig braten.
Bauchspeck und Bacon in einer zweiten Pfanne auslassen.
Kartoffelwürfel hinzufügen, etwa 10–15 Minuten braten.
Salzen, pfeffern, Petersilie untermischen.

ANRICHTEN:

Schollen auf vorgewärmte Teller gleiten lassen.
Mit Speck und Kartoffelwürfeln bedecken.

WEINTIPPS:

○ 2001 Bergerac Blanc sec „Cuvée des Conti", Château
Tour des Gendres, Bergerac, Frankreich
○○ 2000 Birkweiler Kastanienbusch Riesling „Großes Gewächs",
Ökonomierat Rebholz, Pfalz

KABELJAU IN SENFSAUCE MIT ROTER BETE

Schwierigkeitsgrad: mittelschwer,
Zubereitungszeit: 1 ¹/₂ Stunden

ZUTATEN FÜR 4 PERSONEN:

4 Rote Beten, Salz, 1 Teel. Kümmel,
5 schwarze Pfefferkörner, 4 Stücke Kabeljaufilet à
150–200 g (mit Haut), 2 Essl. Pflanzenöl,
150 g in Streifen geschnittenes Lachsfilet,
2 Essl. Butter, 1 fein gewürfelte Schalotte,
2 fein gewürfelte Champignons, 2 Essl. Mehl,
0,25 l Sahne, 0,1 l Riesling, 0,5 l Geflügelfond,
1 Essl. Crème fraîche, Worcestershiresauce,
Saft von ¹/₂ Zitrone, 1 Essl. Dijon-Senf,
1 Teel. grobkörniger Senf, 2 Essl. Schlagsahne,
1 Essl. Schnittlauchröllchen,
ausgelassene Butter, Senfkörner

Rote Beten in einem Topf mit Wasser bedecken.
Salz, Kümmel und Pfefferkörner hinzufügen.
Etwa 1 Stunde köcheln lassen. Rote Beten schälen,
achteln, beiseite stellen. Kabeljaufilets salzen.
Auf der Hautseite in Pflanzenöl 1 Minute braten.
Obere Seite vorsichtig mit Lachsstreifen spicken.
Pfanne mit den gespickten Filets in den auf
180 Grad vorgeheizten Backofen geben.
Rund 5 Minuten garen lassen. Butter in einem
Topf zerlassen. Schalotte darin glasig dünsten.
Champignons hinzufügen. Kurz anschwitzen.
Mit Mehl bestäuben. Unter Rühren mit einem
Schneebesen Sahne und Riesling angießen.
Etwa 10 Minuten einkochen. Geflügelfond
einrühren, etwa 15 Minuten einkochen.
Crème fraîche einrühren. Mit Worcestershiresauce
und Zitrone abschmecken. Dijon-Senf und
grobkörnigem Senf hinzufügen. Schlagsahne
unterheben. Mit Salz abschmecken.

ANRICHTEN:

Kabeljaufilets auf einem Senfsaucenspiegel anrichten.
Die noch lauwarmen Roten Beten anlegen. Mit
Schnittlauch garnieren. Fisch mit ausgelassener
Butter und darin erwärmten Senfkörnern beträufeln.

WEINTIPPS:

○ 2000 Kammerner Renner Grüner Veltliner,
Schloss Gobelsburg, Kamptal, Österreich
○○ 1995 Spitzer Singerriedl Riesling Smaragd,
Franz Hirtzberger, Wachau, Österreich

SCHWEINSBRATEN MIT KARTOFFELKNÖDELN

Schwierigkeitsgrad: mittelschwer, Zubereitungszeit: 3 Stunden plus 24 Stunden Marinierzeit

ZUTATEN FÜR 4–6 PERSONEN:

Marinieren:

*1 geschälte, gehackte Knoblauchknolle,
1 Essl. gestoßener weißer Pfeffer, ½ Essl. gehackter Kümmel,
1 Teel. Majoran, 1 Essl. Löwensenf, Salz, 2,5 kg Schweineschulter
mit gitterartig eingeschnittener Schwarte*

Knoblauch, Pfeffer, Kümmel, Majoran, Senf und
Salz vermengen. Schulter damit kräftig einreiben.
24 Stunden zugedeckt marinieren lassen.

Braten:

*1 Essl. Schweineschmalz, 500 g gehackte Schweineknochen,
1 klein gehackter Schweinefuß, 1 Schweineschwanz,
1 ungeschälte, in 1,5 cm dicke Scheiben geschnittene
Gemüsezwiebel, 4 ungeschälte Knoblauchzehen, 200 g grob
gewürfelter Knollensellerie, 2 geschälte, gewürfelte Karotten,
marinierte Schweineschulter 1 Flasche dunkles Weißbier,
1 klein gezupfte Laugenbrezel, Blättchen von 1–2 Zweigen
Majoran, Salz, schwarzer Pfeffer aus der Mühle*

In einem großen Bräter Schweineschmalz erhitzen. Knochen,
Schweinefuß und -schwanz anrösten. Zwiebel, Knoblauch,
Sellerie und Karotten hinzufügen. Kurz mit anrösten.
Schweineschulter mit der Schwarte nach unten auf das Gemüse-
Knochen-Bett legen. In den auf 160 Grad vorgeheizten
Ofen schieben. Etwas heißes Wasser und Bier angießen. Nach
1 Stunde das Fleisch mit der Schwarte nach oben drehen.
Immer wieder zwischendurch mit Bratflüssigkeit und Bier be-
gießen. Nochmals etwa 1 Stunde garen. Fleisch herausnehmen
und in eine andere Pfanne umsetzen, warm halten. Fett im

Bräter abschöpfen. Brezelstücke hinzufügen, auf dem Herd
völlig einkochen lassen. Nach und nach mit dunklem Weißbier ablöschen (0,25 Liter), dann mit etwa 0,5 Liter Wasser
auffüllen. 30 Minuten köcheln lassen, ab und zu entfetten.
Majoran hinzufügen, kurz mitköcheln lassen. Durch ein
Sieb passieren, mit Salz und Pfeffer abschmecken.

Halbseidene Kartoffelknödel:

*1 kg in der Schale gekochte Kartoffeln, 1 kg roh geriebene
Kartoffeln, 5 Eigelb, Salz, frisch geriebene Muskatnuss*

Roland Trettl hat
bei Eckart Witzigmann
gelernt. Für dieses Buch
stand er dem Meister
wieder einmal zur Seite

Knödel steht im Süddeutschen für die variantenreiche Gattung
der Klöße oder Klopse. Sie können aus altbackenen Semmeln oder
Weißbrot, aus Grieß, Mehl oder Kartoffeln hergestellt sein. Für die
„Halbseidenen" jedenfalls nimmt man rohe und gekochte Kartoffeln.

Gekochte Kartoffeln noch heiß pellen und durch eine Presse
drücken. Roh geriebene Kartoffeln in einem Sieb ganz
trocken auspressen. Wasser auffangen, die Stärke absetzen
lassen. Beide Kartoffelmassen vermengen. Nach 5 Minuten
das Wasser abgießen, die Stärke unter die Kartoffelmasse
rühren und mit Eigelb, Muskatnuss und Salz verkneten.
Sofort Knödel drehen und in Salzwasser etwa 15 Minuten
sieden, bis sie aufsteigen. Mit einem Schaumlöffel herausnehmen und nach Geschmack mit Butterbröseln bestreuen.

ANRICHTEN:

Braten mit Gemüsezwiebeln servieren.
Am Tisch tranchieren. Sauce und Knödel getrennt reichen.
Dazu passt ein Krautsalat.

WEINTIPPS:

∘ 1998 Kallstadter Saumagen Riesling Spätlese trocken,
Koehler-Ruprecht, Pfalz
•• 1999 Blauer Spätburgunder Qualitätswein trocken,
Karl H. Johner, Baden

LEBER- UND BLUTWURST
AUF SAUERKRAUT

Schwierigkeitsgrad: schwer, Zubereitungszeit: 2 Stunden

ZUTATEN FÜR 4 PERSONEN:

Leberwurst:

200 g grob gewürfelte Schweineleber, 100 g Schweineschmalz, 250 g gewürfelte Zwiebeln, 200 g gekochte, gepökelte und in Würfel geschnittene Schweinebacke, Pökelsalz, schwarzer Pfeffer, je 1 Teel. getrockneter Majoran und Thymian, 1 Teel. gehackter Kümmel, frisch geriebene Muskatnuss, 1 gehackte Knoblauchzehe, 1 Teel. Honig, 1,5 m gewässerter Schafsdarm

Schweineleber in Schmalz anschwitzen, herausnehmen. Zwiebeln im selben Fett kräftig anrösten. Leber, Zwiebeln und Schweinebacke durch den Fleischwolf drehen (3 mm Lochdurchmesser). Mit den restlichen Zutaten kräftig abschmecken. Die Masse mit einer Garnierspritze oder einem Spritzbeutel in den Schafsdarm füllen. Fingerlange Würste abdrehen, mit Küchengarn fest zubinden. In Salzwasser bei 80 Grad 15 Minuten pochieren.

Blutwurst:

150 g gewürfelter Lauch, 200 g gewürfelte Zwiebeln, 100 g gepökelte, klein gewürfelte Schweinezunge, 100 g Schweineschmalz, 100 g gepökelter, klein gewürfelter Schweinskopf, 0,6 l Schweineblut, Pökelsalz, schwarzer Pfeffer, je 1 Teel. getrockneter Majoran und Thymian, 1 Teel. gehackter Kümmel, frisch geriebene Muskatnuss, 1 gehackte Knoblauchzehe, 1,5 m gewässerter Schafsdarm

Sauerkraut wird aus Streifen von Weiß- oder Spitzkohlblättern hergestellt, die gesalzen und gepresst unter Luftabschluss vergären. Die kräftige Variante passt zu Deftigem, etwa zu Nürnberger Würstchen sowie zu Blut- und Leberwürsten. Feinere Sauerkrautzubereitungen (z. B. mit Champagner) können auch Fisch begleiten.

Lauch, Zwiebeln und Zunge in Schweineschmalz anbraten. Schweinskopf hinzufügen. Schweineblut auf einem Wasserbad leicht erwärmen (Vorsicht, es gerinnt rasch). Mit der Fleisch-Zwiebel-Masse gut mischen. Mit restlichen Zutaten sehr kräftig würzen. Masse oben wie beschrieben in den Schafsdarm füllen. Fingerlange Würste abdrehen. In 80 Grad heißem Salzwasser etwa 15 Minuten pochieren.

Sauerkraut:

140 g in Streifen geschnittene Zwiebeln, 2 Essl. Schmalz, 1 kg frisches Sauerkraut, 1/8 l Weißwein, Suppengrün (50 g Lauch, 50 g Karotten, 30 g Staudensellerie, einige Petersilienstängel), Gewürzsäckchen (1 Lorbeerblatt, 1 Essl. Kümmel, 15 Wacholderbeeren, 1 Knoblauchzehe, 10 Pfefferkörner), Salz, Zucker, gekörnte Brühe

Zwiebeln im Schmalz glasig anschwitzen. Sauerkraut hinzufügen. Weißwein und 1/8 Liter Wasser angießen. Suppengrün und Gewürzsäckchen beigeben. Mit Salz, Zucker und etwas gekörnter Brühe würzen. 30 Minuten unbedeckt bei 180 Grad im Ofen garen, öfter umwenden. Abschmecken, Suppengrün und Gewürzsäckchen herausnehmen.

Karamellisierte Äpfel:

2 entkernte und in je 6 Spalten geschnittene säuerliche Äpfel mit Schale, 2 Essl. Butter, 1 Essl. Zucker

Apfelspalten in Butter und Zucker leicht karamellisieren.

ANRICHTEN:

Blut- und Leberwürste auf Sauerkraut anrichten. Mit Apfelspalten belegen. Dazu frisches Kartoffelpüree reichen.

WEINTIPPS:

● 2000 Gran Caus Rosado, Can Ràfols dels Caus, Penedès, Spanien
●● 1997 Redoma Tinto, Niepoort, Douro, Portugal

SÜLZE VON GEPÖKELTER KALBSHAXE MIT MEERRETTICHSCHAUM UND BRATKARTOFFELN

Schwierigkeitsgrad: mittelschwer,
Zubereitungszeit: 2 ½ Stunden plus 1 Nacht Kühlzeit

ZUTATEN FÜR 4 PERSONEN:

Sülze:

ca. 2 kg gepökelte Kalbshaxe, 3 geputzte Stangen Staudensellerie,
1 geputzte mittelgroße Lauchstange, 1 ½ geschälte Zwiebeln,
4 geschälte, lang geschnittene Karotten,
1 Bouquet garni (1 Lorbeerblatt, 4 Petersilienstängel),
10 zerdrückte weiße Pfefferkörner, 7 Blatt eingeweichte, gut
ausgedrückte Gelatine (evt. einen blanchierten Kalbsfuß mitkochen,
dann geliert die Sülze noch besser), 1 Essl. feine Schnittlauchröllchen,
1 Essl. fein geschnittene glatte Petersilie,
1 fein gewürfelte, blanchierte Schalotte, Salz,
Garnitur: frisch geriebene Meerrettichspäne

Kalbshaxe vor dem Kochen eventuell wässern. Mit 3–4 Liter
kaltem Wasser aufsetzen. Staudensellerie, Lauch, Zwiebeln,
Karotten, Bouquet garni und Pfefferkörner einlegen.
Zum Kochen bringen. Aufgestiegenen Schaum abschöpfen.
Bei niedriger Hitze etwa 2–2 ½ Stunden weich garen. Haxe
herausnehmen. Fleisch vom Knochen lösen, von Fett und Sehnen

befreien. In 2 cm große Würfel schneiden. 0,6 Liter des Suds
abnehmen, durch ein Sieb gießen, entfetten. Erhitzen, Gelatine
einrühren. Fleisch, Schnittlauch, Petersilie und Schalotte
unterheben. Auf vier tiefe Teller verteilen. Über Nacht im
Kühlschrank gelieren lassen.

Meerrettichschaum:

50 g griechischer Schafsjogurt, 50 g Crème fraîche, 2 Essl. Meerrettich
(aus dem Glas), Salz, Cayennepfeffer, 1 Spritzer Zitronensaft

Zutaten schaumig rühren, abschmecken.

Bratkartoffeln:

400 g fest kochende Kartoffeln (z.B. La Ratte, Bio-Linda,
Bamberger Hörnchen), 1 Msp. Kümmel, 2 Essl. Schweineschmalz
oder 1 Essl. Pflanzenöl, 30 g fein gewürfelter geräucherter Bauch-
speck, 1 fein gewürfelte, blanchierte Zwiebel, Salz, 1 Essl. Butter,
1 Essl. fein gehackte glatte Petersilie

Kartoffeln in der Schale mit Kümmel gar kochen. Pellen, auskühlen lassen. In dünne Scheiben schneiden. Schweineschmalz
in einer Pfanne erhitzen. Speck darin kross anbraten. Kartoffelscheiben und Zwiebelwürfel hinzufügen. Goldbraun braten.
Zwischendurch vorsichtig wenden. Salzen. Zum Schluss Butter
und Petersilie unterheben.

ANRICHTEN:

Sülze mit Meerrettichspänen garnieren.
Meerrettichschaum und Bratkartoffeln extra reichen.

WEINTIPPS:

○ 1999 Muscat d'Alsace, Rolly Gassmann, Elsass, Frankreich
○○ 1998 Condrieu, Mathilde und Yves Gangloff,
Rhône, Frankreich

REHSAUERBRATEN

Schwierigkeitsgrad: mittelschwer,
Zubereitungszeit: 3 ½ Stunden plus 1 Woche Marinierzeit

ZUTATEN FÜR 6–8 PERSONEN:

Marinieren:

*2,5 kg Rehkeule, 350 g rote Zwiebeln, 100 g Lauch,
150 g Staudensellerie, 120 g Knollensellerie,
150 g Karotten, 3 Knoblauchzehen,
3 gehäufte Essl. Wacholderbeeren,
5 mittelgroße Lorbeerblätter, 5 Pimentkörner,
7 Gewürznelken, 2 Essl. schwarzer Pfeffer,
3–4 Sternanis, ½ Zimtstange, je 3 Zweige Thymian
und Rosmarin, 1 l roter Portwein,
0,4 l kräftiger Rotwein, 0,25 l Rotweinessig,
40 ml Balsamessig, 40 ml Himbeeressig,
Salz, Zucker, Schale von 1 Orange, 50 ml Öl*

Fleisch mit grob geschnittenem Gemüse (Zwiebeln,
Lauch, Stauden- und Knollensellerie, Karotten) und
Knoblauch in einen hohen Steinguttopf schichten.
Restliche Zutaten (außer Öl) einmal stark erhitzen,
abkühlen, über Fleisch und Gemüse gießen.
Flüssigkeit muss etwa einen Fingerbreit über dem
Fleisch stehen. Mit Öl begießen und verschließen.
Eine Woche ziehen lassen.

Braten:

*marinierte Rehkeule mit ihrer Marinade, Salz,
schwarzer Pfeffer aus der Mühle, 4 Essl. Mehl,
3 Essl. Pflanzenöl, 150 g klein gewürfelter Bauchspeck,
200 g in 2 cm große Stücke geschnittene Zwiebeln,
je 100 g Karotten und Staudensellerie (jeweils in 2 cm
große Stücke geschnitten), 0,1 l Ahornsirup,
100 g Tomatenketchup, 0,5 l roter Portwein,
0,5 l kräftiger Rotwein, 1 Scheibe Graubrot (100 g)*

Fleisch aus der Marinade nehmen, trockentupfen.
Mit Salz und Pfeffer würzen. Mit 1 Essl. Mehl bestäuben.
Im gusseisernen Schmortopf in 2 Essl. heißem Öl von
allen Seiten scharf anbraten. Fleisch herausnehmen, Fett
weggießen. 1 Essl. Öl und den Bauchspeck in den
Topf geben, anrösten. Zwiebeln, Karotten und
Staudensellerie hinzufügen. Braun anschwitzen.
50 ml Ahornsirup und Tomatenketchup dazugeben.
Bei milder Hitze mit anschwitzen. Restlichen Ahornsirup
und 3 Essl. Mehl hinzufügen. Kurz rösten lassen.
Rehkeule einlegen. Mit Portwein und Rotwein ablöschen.
Marinade mit den Gemüsen und dem Brot hinzufügen.
Aufkochen lassen, dabei aufpassen, dass nichts am Boden
ansetzt. Deckel auflegen. Bei 180 Grad etwa 2 ½ Stunden
im vorgeheizten Ofen schmoren. Fleisch aus dem
Sud nehmen. Mit nassem Tuch abdecken. Sud durch ein
grobes Spitzsieb passieren. Gemüse fest ausdrücken.

Nochmals durch ein Haarsieb streichen. Sauce in
einem sauberen Schmortopf noch mal aufkochen, etwas
einköcheln. Mit Salz und Pfeffer abschmecken.
Fleisch dazugeben und erwärmen.

Perlzwiebel-Rosinen-Gemüse mit gebratenen Steinpilzscheiben

*20 g Butter, 24 geschälte Perlzwiebeln, 1 Teel. Zucker, Salz,
schwarzer Pfeffer aus der Mühle, 2 Essl. eingeweichte, abgetropfte
Rosinen, 1 Essl. Weißweinessig, 4 Steinpilze, 2 Essl. Öl*

Butter in einer Kasserolle hell aufschäumen lassen. Zwiebeln
hinzufügen, kurz durchschütteln. Mit Zucker bestreuen,
salzen, pfeffern. Bei niedriger Hitze unter gelegentlichem
Umrühren goldgelb karamellisieren lassen. Zum Schluss
eingeweichte Rosinen hinzufügen. Mit Essig beträufeln, bei
schwacher Hitze weich dünsten (20 Minuten). Steinpilze
in Scheiben schneiden. In Öl anbraten, salzen.

ANRICHTEN:

Fleisch vom Knochen lösen, aufschneiden. Mit der Sauce, dem
Perlzwiebel-Rosinen-Gemüse und den Steinpilzen anrichten.

WEINTIPPS:

● 1998 Crozes-Hermitage „Les Pierelles", Belle Père et Fils,
Rhône, Frankreich
●● 1990 Châteauneuf-du-Pape, Château Rayas, Rhône,
Frankreich

KRAUTROULADEN

Schwierigkeitsgrad: leicht, Zubereitungszeit: 1 ½ Stunden

ZUTATEN FÜR 4 PERSONEN:

100 g in hauchdünne Scheiben geschnittene Semmeln vom Vortag,
0,2 l lauwarme Milch, 50 g fein gewürfelter Schinkenspeck,
1 fein gewürfelte mittelgroße Zwiebel, 1 Bund gehackte
glatte Petersilie, 200 g gut durchwachsener Schweinehals, 1 Ei,
½ Teel. Senf, etwas durchgepresster oder geriebener Knoblauch,
Salz, schwarzer Pfeffer aus der Mühle, etwas Majoran,
8 blanchierte große Krautblätter, 40 g Butter, 100 g Zwiebelringe,
100 g Karottenscheiben, 60 g in Scheiben geschnittener
Staudensellerie, 1 Prise Zucker, etwa 0,3 l Kalbsfond,
Garnitur: gebratene Baconscheiben, Sauerrahm

Semmelscheiben mit der Milch übergießen, quellen lassen. Speck in
einer Pfanne anbraten, im austretenden Fett erst die Zwiebel, dann
die Petersilie mit andünsten. Masse mit Schweinehals durch die feine
Scheibe eines Fleischwolfs drehen. Ei hinzufügen, mit Senf,
Knoblauch, Salz, Pfeffer und etwas Majoran abschmecken.
Blanchierte, abgetrocknete Krautblätter ausbreiten, die starken
Kohlrippen flach schneiden oder klopfen. Farce gleichmäßig auf den
Blättern verteilen. Vom Stielansatz her einrollen, dabei die Ränder
seitlich einschlagen. Butter in einer Kasserolle aufschäumen. Zwiebel-
ringe, Karotten und Sellerie darin anschwitzen. Mit Salz, Pfeffer
und Zucker würzen. Kalbsfond angießen. Rouladen darauf setzen.
Bei 180 Grad im vorgeheizten Ofen etwa 40 Minuten gar dünsten.
Rouladen herausnehmen, Flüssigkeit durch ein Spitzsieb drücken.

ANRICHTEN:

Rouladen heiß aus dem Ofen auf den Saucenspiegel setzen.
Mit gebratenen Baconscheiben und Sauerrahm garnieren.
Mit flaumigem Kartoffelpüree servieren.

WEINTIPPS:

○ 2001 Julius-Echter-Berg Silvaner Kabinett trocken,
Hans Wirsching, Franken
○○ 2000 Gran Caus „Pairal", Can Ràfols dels Caus, Penedès, Spanien

KÖNIGSBERGER
KLOPSE

Schwierigkeitsgrad: leicht, Zubereitungszeit: 1 Stunde

ZUTATEN FÜR 4 PERSONEN:

250 g Schweinehack, 250 g durch den Fleischwolf
gedrehtes pariertes Hähnchenfleisch,
1 in Wasser eingeweichte, gut ausgedrückte Semmel,
2 fein gewürfelte mittelgroße weiße Zwiebeln,
1 fein gehackte Knoblauchzehe,
2 Essl. Butter, 1 Ei, 6 fein gehackte Sardellenfilets,
2 Essl. fein gehackte Kapern,
1–2 Essl. fein gehackte glatte Petersilie, Salz,
Pfeffer aus der Mühle,
3 Petersilienstängel, 1 l Hühnerbrühe

Schweine- und Hähnchenhack mit der Semmel
vermengen. Zwiebeln und Knoblauch in der
Butter glasig dünsten, dazugeben. Die Masse
mit Ei, Sardellen, Kapern und Petersilie gut
vermischen. Mit Salz und Pfeffer abschmecken.
Zu Klopsen in der Größe eines Tischtennisballs
formen. Hühnerbrühe zum Kochen bringen,
Petersilienstängel einlegen. Klopse darin etwa
10 Minuten garen. Herausnehmen, warm halten.

Sauce:
120 g fein gewürfelte Champignons, 2 gewürfelte
Schalotten, 1 Essl. Butter, 50 ml Weißwein,
0,5 l Brühe (Garflüssigkeit), 1 ½ Essl. Kapern,
1–2 Teel. grober Senf, Salz, 1 Prise Cayennepfeffer,
150 g geschlagene Sahne, Garnitur: 8 Kapernäpfel,
1 Essl. Schnittlauchröllchen

Champignons und Schalotten in Butter
anschwitzen. Mit Weißwein ablöschen.
Fast völlig reduzieren. Brühe angießen.
Auf die Hälfte reduzieren. Mit Kapern, Senf,
Salz und Cayennepfeffer abschmecken.
Kurz vor dem Servieren Schlagsahne unter
die Sauce heben.

ANRICHTEN:

Klopse auf die Teller verteilen.
Mit Sauce überziehen. Mit Kapernäpfeln und
Schnittlauchröllchen garnieren.

GETRÄNKETIPPS:

Beck's Pils, Bremen
○○ 1998 Châteauneuf-du-Pape Blanc,
Château Rayas, Rhône, Frankreich

KÄSESPÄTZLE

Schwierigkeitsgrad: leicht, Zubereitungszeit: 1 Stunde

ZUTATEN FÜR 4 PERSONEN:

400 g Weizenmehl Typ 550, 8–10 Eier, Salz,
frisch geriebene Muskatnuss, 0,125 l Pflanzenöl,
500 g in dünne Ringe geschnittene weiße Zwiebeln, 70 g Butter,
schwarzer Pfeffer aus der Mühle, 200 g klein gewürfelte weiße Zwiebeln,
150 g geriebener Appenzeller, 60 g geriebener Greyerzer,
50 g geriebener Tilsiter, 120 g geriebener Emmentaler,
1 Bund in feine Röllchen geschnittener Schnittlauch

Mehl, Eier, Salz und Muskatnuss mischen. Mit einem Kochlöffel so
lange schlagen, bis der Teig Blasen wirft. 20 Minuten ruhen lassen. In
einer großen Pfanne Pflanzenöl erhitzen. Zwiebelringe darin goldgelb
rösten. Dann 20 g Butter hinzufügen, kurz mitbraten. Zwiebelringe
auf ein Sieb schütten, auf Küchenkrepp entfetten. Salzen.
Restliche Butter (50 g) in einer Pfanne aufschäumen. Zwiebelwürfel
darin goldgelb rösten. Salzen, pfeffern. Reichlich Wasser in einem
großen Topf zum Kochen bringen. Gut salzen. Spätzleteig in drei
Portionen mit einem Spätzlehobel schnell in das Wasser hobeln. Einmal kräftig aufkochen lassen. Auf ein Sieb schütten, nach dem Abtropfen zu den Zwiebelwürfeln geben. Salzen, mit reichlich schwarzem Pfeffer bestreuen. Durchschwenken. Geriebenen Käse und die
Hälfte des Schnittlauchs darüber verteilen. Der Käse sollte schmelzen
und Fäden ziehen. Käsespätzle in eine vorgewärmte Schüssel geben.
Mit den Zwiebelringen und dem restlichen Schnittlauch bestreuen.

ANRICHTEN:

Käsespätzle heiß aus der Schüssel servieren.
Dazu Kartoffelsalat mit Endivien oder Feldsalat reichen.

WEINTIPPS:

• 1999 Stettener Mönchberg Trollinger „S" Qualitätswein trocken,
Karl Haidle, Württemberg
•• 1999 Rotwein Qualitätswein trocken,
Klaus Schneider + Sohn, Pfalz

LEIPZIGER ALLERLEI
MIT STUBENKÜKEN
UND FLUSSKREBSEN

Schwierigkeitsgrad: leicht, Zubereitungszeit: 1 Stunde

ZUTATEN FÜR 4 PERSONEN:

2 küchenfertige Stubenküken, 1,5 l Geflügelfond,
4 Essl. Butter, ½ fein gewürfelte Schalotte,
2 gewürfelte weiße Champignons,
1 Essl. Mehl, 0,1 l Weißwein (Riesling),
1 Essl. Crème fraîche, 0,25 l Sahne,
1 Spritzer Worcestershiresauce, Saft von ½ Zitrone,
Salz, 8 geschälte weiße Spargelstangen,
8 geputzte grüne Spargelstangen,
100 g grüne Bohnen,
100 g in Scheiben geschnittene Karotten,
50 g Blumenkohlröschen, 100 g gepalte Erbsen,
16 lebende Flusskrebse, 10 frische oder
eingeweichte Morcheln (gut gewaschen),
Garnitur: Kerbelblättchen

Stubenküken 25–30 Minuten im
Geflügelfond garen. Häuten, das Fleisch in
grobe Stücke teilen, warm halten.
2 Essl. Butter in einem Topf zerlassen. Schalotte
glasig dünsten, Champignons hinzufügen,
mitdünsten, ohne dass sie Farbe annehmen.
Mit Mehl bestäuben, kurz weiter anschwitzen.
0,5 Liter des Geflügelfonds und den Riesling
angießen. Mit einem Schneebesen verrühren,
20 Minuten köcheln lassen. Crème fraîche
und Sahne zufügen, 10 Minuten weiter köcheln.
Mit Worcestershiresauce und Zitronensaft
abschmecken. Nach Geschmack salzen. Spargel,
Bohnen, Karotten, Blumenkohl und Erbsen
getrennt in Salzwasser garen. Gut abtropfen.
Spargel in 3 cm lange Stücke schneiden.
Flusskrebse kopfüber in 2 Liter kochendes Wasser
geben, aufkochen, etwa 6–8 Minuten ziehen lassen.
Aus den Schalen lösen. 4 Köpfe mit Scheren
für die Garnitur zurückbehalten. Morcheln in
2 Essl. zerlassener Butter schwenken, salzen.

ANRICHTEN:

Gemüse und Morcheln anrichten. Fleisch
und Krebse anlegen. Mit Sauce überziehen.
Mit Kerbel und Krebsscheren garnieren.

WEINTIPPS:

○ 1999 Château Bel-Air, Entre-deux-Mers,
Bordeaux, Frankreich
○○ 1999 Bürgstadter Centgrafenberg Weißburgunder Spätlese trocken, Rudolf Fürst, Franken

MILCHLAMMSCHULTER
AUF SCHMORGURKEN

Schwierigkeitsgrad: leicht,
Zubereitungszeit: 1 ½ Stunden plus 24 Stunden Marinierzeit

ZUTATEN FÜR 4 PERSONEN:

600 g Milchlammschulter, 0,15 l Weißwein- oder Estragonessig,
2 Bund klein geschnittener Dill, 10 g Senfkörner,
5 g zerdrückte schwarze Pfefferkörner, Salz,
schwarzer Pfeffer aus der Mühle, 40 g Butter,
20 kleine Frühlingszwiebeln, 4 ungeschälte Knoblauchzehen,
1 geschälte entkernte Schmorgurke (brutto 500 g),
400 g fest kochende Kartoffeln (gekocht und längs halbiert),
Dillspitzen zum Bestreuen

Lammschulter von Sehnen und Häuten befreien. Küchentuch
mit Essig tränken, ausbreiten. Lammschulter darauf legen.
Geschnittenen Dill, Senf- und Pfefferkörner auf dem Fleisch
verteilen. Fest in das Tuch einwickeln. Das Lamm sollte
24 Stunden im Kühlschrank marinieren. Aus dem Tuch
nehmen, leicht trocknen. Mit Salz und Pfeffer einreiben.
Im vorgeheizten Ofen bei 220 Grad in 20 g Butter anbraten.
Zwiebeln und Knoblauchzehen zugeben. 1 Stunde braten,
dabei immer wieder mit Wasser begießen.

Schmorgurken, die pummeligen Verwandten der
Salatgurke, haben im Hochsommer Saison. Ihr frischer Geschmack
harmoniert mit Dill, Borretsch, Schnittlauch und Minze.
Bei der Zubereitung werden zunächst die großen Samen entfernt,
ehe man die Gurken dünstet, schmort, gratiniert oder füllt.

Gurke klein schneiden und in 20 g Butter etwa
10 Minuten bissfest dünsten. Zum Schluss mit Kartoffeln
zur Lammschulter geben.

ANRICHTEN:

Heiß aus dem Ofen mit Dillspitzen bestreut servieren.

WEINTIPPS:

• 1999 Clavel „Cuvée les Garrigues", Domaine Clavel,
Languedoc, Frankreich
•• 1994 Cabernet Sauvignon, Eisele Vineyard,
Kalifornien, USA

GRÜTZE VON GEMISCHTEN BEEREN MIT VANILLESAUCE UND KRAPFEN

Schwierigkeitsgrad: mittelschwer,
Zubereitungszeit: 2 Stunden plus Ruhezeiten

ZUTATEN FÜR 4 PERSONEN:

Grütze:

0,3 l Orangensaft, 40 ml Zitronensaft, 0,17 l Himbeersirup,
0,25 l trockener Rotwein, 1 Zimtstange, 2 aufgeschnittene Vanilleschoten,
300 g geputzte Beeren (Johannisbeeren, Brombeeren, Himbeeren,
Blaubeeren), 60 g Vanillecremepulver

0,2 Liter Orangensaft mit Zitronensaft, Sirup, Rotwein, Zimt und
Vanilleschoten in einem Topf aufkochen. Kurz einkochen lassen. Beeren
hinzufügen. Vanillecremepulver mit restlichem Orangensaft verrühren,
aufkochen lassen, abkühlen. Unter die Grütze rühren, Zimtstange und
Vanilleschoten entfernen. Grütze einen Tag kühl ruhen lassen.

Vanillesauce:

0,25 l Sahne, 1 aufgeschnittene Vanilleschote, 5 Eigelb, 50 g Zucker

Sahne mit aufgeschnittener Vanilleschote aufkochen. Eigelb und
Zucker auf dem Wasserbad schaumig schlagen. Warme Sahne unter
ständigem Rühren mit einem Holzlöffel in die Eimasse laufen lassen.
Zur Rose abziehen (dickliche Masse). Durch ein feines Sieb passieren.

Krapfen:

0,17 l Milch, 40 g Hefe, 500 g Mehl Typ 550, 2 Eier, 2 Eigelb,
40 g Zucker, 60 g weiche Butter, abgeriebene Schale von ¼ unbehandelter
Zitrone, ½ Teel. Salz, Mark von ½ Vanilleschote, 1 Essl. Rum, Kokosfett
zum Frittieren, Puderzucker zum Bestäuben

Beeren sind in sommerfrischen fruchtigen Desserts unverzichtbar.
Brom- und Blaubeeren finden eifrige Sammler noch an Waldrändern
und auf Lichtungen. Himbeeren hingegen stammen inzwischen
zumeist aus Obstplantagen – wie Erdbeeren und Johannisbeeren.
Später im Jahr harmoniert Beerenobst auch mit Wildgerichten

0,1 Liter Milch leicht erwärmen, Hefe hineinbröckeln,
verrühren. Mit 150 g Mehl zu einem geschmeidigen Teig
vermengen. Mit etwas Mehl bestäuben. 20 Minuten
zugedeckt gehen lassen, bis er Risse bekommt. Eier, Eigelb
und Zucker mit einem Handmixer aufschlagen. Den
aufgegangenen Vorteig mit der restlichen Milch, dem
restlichen Mehl und der Eimischung verkneten. Butter,
Zitronenschale, Salz, Vanillemark und Rum unterkneten.
Teig kneten und schlagen, bis er geschmeidig ist.
15 Minuten bei Zimmertemperatur gehen lassen. Nochmals kurz durchschlagen, weitere 15 Minuten gehen
lassen. 30 g schwere Teigkugeln formen. Auf ein mit Mehl
bestäubtes Tuch legen. Mit dem Handballen etwas flach
drücken, mit einem Tuch bedecken. Nochmals gehen
lassen, bis sich die Kugeln um drei Viertel ihres Volumens
vergrößert haben. Frittierfett auf 170 Grad erhitzen.
Krapfen portionsweise von beiden Seiten 2 Minuten backen.
Am Krapfen bleibt rundum ein weißer Mittelring. Nach
dem Wenden Fritteuse für 1 Minute abdecken. Krapfen
für 2 Sekunden im Fett eintauchen, herausnehmen, auf
Küchenkrepp abtropfen, mit Puderzucker bestreuen.

ANRICHTEN:

Grütze dekorativ mit Vanillesauce beträufeln.
Krapfen extra reichen.

TIPP:

Für die Grütze eignen sich auch tiefgekühlte Beeren.

WEINTIPPS:

• Concerto Lambrusco Reggiano secco, Ermete Medici &
Figli, Emilia Romagna, Italien
•• 1998 Recioto della Valpolicella, Romano Dal Forno,
Veneto, Italien

ZWETSCHGENKUCHEN

Schwierigkeitsgrad: mittelschwer, Zubereitungszeit: 2 Stunden

ZUTATEN FÜR 1 SPRINGFORM VON 28 CM DURCHMESSER:

Mürbeteig:

150 g Mehl, 100 g Butter, 75 g Zucker, Salz, 1 Eigelb, Mark von
1 Vanilleschote, Butter und Mehl zum Auskleiden der Springform

Alle Zutaten schnell zu einem Teig verkneten. In Folie verpackt
30 Minuten im Kühlschrank ruhen lassen. Teig ausrollen.
Auf den Boden der gefetteten und bemehlten Kuchenform geben.
Mit einer Gabel mehrmals einstechen. Im 180 Grad heißen
Ofen hellbraun vorbacken, auskühlen lassen (25 Minuten).

Rührteig und Zwetschgen:

100 g Butter, 100 g Zucker, 2 Eigelb, abgeriebene Schale von ½ Zitrone,
1 Teel. Zimt, 2 Eiweiß, 100 g Mehl, 500 g gewaschene, entkernte,
halbierte Zwetschgen, brauner Zucker zum Bestreuen, 2 Essl. Zimt-
Zucker-Gemisch, 250 g mit Zucker und Rum fast steif geschlagene Sahne

Butter mit 50 g Zucker schaumig schlagen. Nach und nach Eigelb,
Zitronenschale und Zimt dazugeben. Eiweiß mit restlichem Zucker
zu steifem Schnee schlagen. Zuerst das Mehl mit einem Drittel
des Eischnees unter die Buttermasse rühren, dann den Rest vorsichtig
unterheben. Rührteig auf den kalten Mürbeteig streichen.
Zwetschgen mit der Schnittfläche nach oben auflegen.
Mit braunem Zucker bestreuen. Im 180 Grad heißen Ofen
30–35 Minuten backen. Aus dem Ofen nehmen, mit Zimtzucker
bestreuen. Unter einem Grill die Oberfläche leicht karamellisieren.

ANRICHTEN:

Zwetschgenkuchen lauwarm mit Rumsahne und
einer Prise Zimt servieren.

WEINTIPPS:

• 2000 Brachetto d'Acqui, Braida-Giacomo Bologna,
Piemont, Italien
°° 2000 Ben Ryé, Passito di Pantelleria, Tenuta di Donnafugata,
Sizilien, Italien

GEFÜLLTER BRATAPFEL MIT WEINSCHAUMCREME

Schwierigkeitsgrad: mittelschwer, Zubereitungszeit: 1 Stunde

ZUTATEN FÜR 4 PERSONEN:

5 säuerliche Äpfel (z. B. Boskop), 150 g Butter,
2 Essl. eingeweichte und abgetropfte Rosinen,
½ Teel. Zimt, Mark von ½ Vanilleschote,
0,125 l naturtrüber Apfelsaft, Saft von je
½ Zitrone und Orange, 1 Essl. Calvados,
60 g geriebenes altbackenes süßes Hefebrot oder
Brioche, 80 g Marzipanrohmasse,
Puderzucker zum Bestäuben,
1 Essl. in Butter geröstete gehobelte Mandeln

Einen Apfel vom Kerngehäuse befreien. Quer in
Scheiben schneiden. In einer feuerfesten Form
30 g Butter zerlassen. Apfelscheiben darauf
verteilen. 1 Essl. Rosinen dazugeben. Mit etwas
Zimt und dem Vanillemark bestreuen. Apfelsaft
angießen. Apfelscheiben mit Zitronen- und
Orangensaft und mit Calvados beträufeln. Von den
restlichen 4 Äpfeln oben eine fingerdicke Scheibe
abschneiden. Bis auf 1 cm Wandstärke aushöhlen.
100 g Butter erhitzen, Hefebrotbrösel darin
goldgelb rösten. Abkühlen lassen, restlichen Zimt
zufügen. Marzipan zerdrücken, mit den restlichen
Rosinen unter die Hefebrotbrösel mischen.
In die Äpfel füllen. Äpfel auf die Apfelscheiben
setzen. Mit reichlich Puderzucker bestäuben.
Mit restlicher, in Stücke geschnittener Butter
belegen. Im vorgeheizten Ofen
bei 180 Grad etwa 30 Minuten garen.

Weinschaumcreme:

3 Eigelb, 50 g Zucker, 60 ml Weißwein,
60 ml naturtrüber Apfelsaft

Eigelb und Zucker auf einem Wasserbad
schaumig aufschlagen. Weißwein und
Apfelsaft unter Rühren unterschlagen.

ANRICHTEN:

Äpfel heiß aus dem Ofen auf Teller setzen,
mit Weinschaumcreme begießen und mit
Vanilleschote garnieren. Sofort servieren.

GETRÄNKETIPPS:

1984 Vieux Rhum, Montebello, Guadeloupe
°° 1977 Nikolauswein, Nikolaihof, Wachau,
Österreich

Für seinen Ausflug in ITALIENS KÜCHEN hat sich

Eckart Witzigmann von SOMMERLAUNEN

leiten lassen: FISCH und Meeresfrüchte, PASTA

und die aromatischen GEMÜSE des Südens geben hier

den Ton an. Selbst für eine PIZZA ist sich

der Meister nicht zu schade

ITALIEN

GELEE VON MEDITERRANEM GEMÜSE UND SARDINEN

Schwierigkeitsgrad: mittelschwer, Zubereitungszeit: 2 Stunden plus 1 Tag Marinier- und Gelierzeit

ZUTATEN FÜR 1 TERRINE:

10–12 Essl. Olivenöl, 2 in Streifen geschnittene Zwiebeln, 0,15 l Weißweinessig, 0,4 l Geflügel- oder Fischbrühe, 2 abgezogene Knoblauchzehen, 1 Lorbeerblatt, Salz, Pfeffer aus der Mühle, 500 g ausgenommene frische Sardinen (ohne Kopf und Mittelgräte), 5 abgezogene und filetierte mittelgroße Tomaten, 3 abgezogene Knoblauchzehen, 3 Thymianzweige, ¼ Teel. Zucker, 2 in 5 mm dicke Scheiben geschnittene Auberginen (etwa 500 g), 3 in 5 mm dicke Scheiben geschnittene Zucchini (etwa 600 g), 1 l Tomatenconsommé, 12 Blatt eingeweichte, gut ausgedrückte Gelatine, Garnitur: Rucola, Basilikumblätter, abgezogene Kirschtomaten, Balsamessig und Olivenöl zum Beträufeln

1 Essl. Olivenöl erhitzen, Zwiebelstreifen darin glasig anschwitzen. Weißweinessig und Brühe angießen. Knoblauch und Lorbeer einlegen. Mit Salz und Pfeffer würzen. Zum Kochen bringen, etwas abkühlen lassen und lauwarm über die geputzten Sardinen gießen. Über Nacht marinieren lassen. Filetierte Tomaten mit Knoblauchzehen und Thymianzweigen in einen Bräter legen. Mit Salz und Zucker würzen. Für eine

Stunde in dem auf 160 Grad vorgeheizten Backofen garen. Auberginen- und Zucchinischeiben getrennt in je 5 Essl. Olivenöl in einer Pfanne anbraten. Salzen. Gelatine in 0,75 l leicht erwärmter Tomatenconsommé auflösen, etwas stehen lassen, zum Schluss die restlichen 0,25 l Consommé unterrühren. In einer Terrinenform Gemüse, Tomatengelee und Sardinen schichten. Mindestens vier Stunden gelieren lassen.

ZUTATEN FÜR 8 CROSTINI:

Mozzarella-Crostini

2 abgezogene, entkernte, geviertelte Tomaten, 6 Essl. Olivenöl, je 1 Thymian- und Rosmarinzweig, 2 angedrückte ungeschälte Knoblauchzehen, Salz, schwarzer Pfeffer aus der Mühle, 1 Teel. Puderzucker, 100 g gewürfelter Büffel-Mozzarella, 8 dünne Baguettescheiben, 4 fein geschnittene Basilikumblätter

Tomaten mit 2 Essl. Olivenöl, Thymian- und Rosmarinzweig und Knoblauch auf ein Blech geben. Salzen, pfeffern. Leicht mit Puderzucker bestreuen. Im vorgeheizten Ofen 2 Stunden bei 130 Grad garen. Tomaten würfeln, mit Mozzarella mischen. Salzen, pfeffern. Baguette in 4 Essl. Olivenöl ausbacken. Auf Küchenkrepp abtropfen lassen. Mit Tomaten-Käse-Gemisch belegen. Kurz unter einem Grill rösten, Basilikum aufstreuen.

Mozzarella *di bufala* ist die Premium-Version der bekannten weißen Käsesorte. Beim Anschneiden des echten Büffel-Mozzarella tritt etwas Molke aus, und er duftet fein nach Milch und Sahne. Sein Aroma ist leicht nussig. Wenn er ein DOP-Gütesiegel *(denominazione di origine protetta,* geschützte Ursprungsbezeichnung) trägt, stammt die Milch ausschließlich von kampanischen Wasserbüffeln.

TIPP:

Baguettescheiben nach dem Ausbacken mit etwas geschältem frischem Knoblauch einreiben.

ANRICHTEN:

Terrine quer in fingerdicke Scheiben schneiden. Mit Rucola, Basilikum und Kirschtomaten servieren. Balsamessig und Olivenöl darüberträufeln. Mozzarella-Crostini anlegen.

WEINTIPPS:

○ 2001 Château Bel Air, Entre-deux-Mers, Frankreich
○○ 1999 Sauvignon blanc Réserve, Joe Rochioli, Russian River Valley, Kalifornien, USA

LAUWARMER NUDELSALAT

Schwierigkeitsgrad: leicht, Zubereitungszeit: 30 Minuten

ZUTATEN FÜR 4 PERSONEN:

100 g penne piccole rigate (kleine Röhrennudeln),
100 g in gleichmäßige Würfel geschnittener Büffel-Mozzarella,
1 abgezogene, entkernte, gewürfelte Tomate,
75 g fein gewürfelte, blanchierte Zwiebeln,
40 g klein geschnittene Zucchini, Blättchen von 1 kleinen Thymianzweig,
1 Essl. Olivenöl, Salz, schwarzer Pfeffer aus der Mühle,
6 entsteinte, fein gehackte schwarze Oliven, 1 fein gehackte Knoblauchzehe,
2 in Scheiben geschnittene, frittierte Knoblauchzehen,
1 Essl. feine Kapern, 5 in feine Streifen geschnittene Basilikumblätter,
50 ml Olivenöl bester Qualität, 1 Essl. gestoßener schwarzer Pfeffer

Penne in reichlich Salzwasser al dente kochen. Gut abtropfen lassen, etwas abkühlen lassen. Mit Mozzarella-Würfeln, Tomate und Zwiebeln mischen. Zucchini mit Thymian in 1 Essl. Olivenöl kurz anbraten. Salzen, pfeffern. Mit Oliven, dem gehacktem und dem frittiertem Knoblauch, Kapern und Basilikum zu den Nudeln geben. Alles vorsichtig mit Olivenöl mischen.

ANRICHTEN:

Salat mit gestoßenem Pfeffer bestreuen.

WEINTIPPS:

○ 2001 Bianco di Custoza, Azienda Agricola Corte Gardoni, Venetien, Italien
○○ 2001 Steiner Hund Riesling Reserve trocken, Nikolaihof, Wachau, Österreich

PIZZA MIT JAKOBSMUSCHELN UND GEFÜLLTEN ARTISCHOCKEN

Schwierigkeitsgrad: mittelschwer,
Zubereitungszeit: 1 ¹/₂ Stunden plus 3 Stunden Ruhezeit

ZUTATEN FÜR 4 PERSONEN:

500 g Mehl, 15 g Hefe, 6 Essl. Olivenöl,
25 g Honig, Salz,
1 große, in Scheiben geschnittene Zwiebel,
200 g passierte Tomaten (aus der Dose),
4 geputzte Jakobsmuscheln,
4 längs geschnittene Zucchinischeiben,
2 in je 8 Stücke geschnittene Auberginen,
1 Essl. Balsamessig, Pfeffer aus der Mühle,
4 geputzte, halbe Artischocken,
Thymianzweig, 4 Teel. Pesto

Mehl in einer Schüssel aufhäufeln. Eine Mulde in die Mitte drücken. Hefe mit etwas Wasser in der Mulde verrühren, zugedeckt 30 Minuten gehen lassen. Mit etwa 0,25 l Wasser, 2 Essl. Olivenöl, Honig und 1 Teel. Salz zu einem Teig verkneten. Etwa 3 Stunden ruhen lassen. Mit etwas Mehl dünn ausrollen. Zwiebel mit Salz bestreuen, nach 15 Minuten ausdrücken. Teig mit passierten Tomaten und Zwiebeln belegen.
Pizza bei 180–200 Grad etwa 45 Minuten backen. Jakobsmuscheln salzen. Je eine in eine Zucchinischeibe einrollen. Mit einem Zahnstocher feststecken. In 2 Essl. Olivenöl in einer Pfanne unter vorsichtigem Rühren braten. Salzen. Auberginenstücke in 2 Essl. Olivenöl anbraten. Mit *aceto balsamico* ablöschen. Mit Salz und Pfeffer würzen. Artischockenhälften in 2 Essl. Olivenöl bei niedriger Hitze braten. Mit dem Auberginentatar füllen.

ANRICHTEN:

Pizza in vier Teile schneiden. Auf jedes Pizzaviertel eine Jakobsmuschel und eine Artischocke setzen, mit Thymian und einem Teelöffel Pesto garnieren.

WEINTIPPS:

● 1999 Rosa del Golfo Rosato del Salento IGT, Damiano Caló, Apulien, Italien
○○ 1999 Petite Arvine, Simon Maye & Fils, Wallis, Schweiz

SPAGHETTI CON PANCETTA

Schwierigkeitsgrad: leicht, Zubereitungszeit: 1 Stunde

ZUTATEN FÜR 4 PERSONEN:

*1–2 Essl. Olivenöl, 100 g klein gewürfelte Zwiebeln,
2 gehackte Knoblauchzehen, 70 g gewürfelter pancetta
(italienischer Bauchspeck), 5 Essl. Tomatensauce,
250 g Tomatenconcassé (kleine Würfel von gehäuteten und
entkernten Tomaten), 1 gehäufter Essl. in feine Streifen
geschnittene glatte Petersilie, 2 Essl. in feine Streifen geschnittene
Basilikumblätter, Salz, Pfeffer aus der Mühle,
250 g Spaghetti, frittierte Knoblauchscheiben*

In einem Topf Olivenöl erhitzen, Zwiebeln glasig dünsten.
Knoblauch und *pancetta*-Würfel mitdünsten. Tomatensauce einrühren, Tomatenconcassé hinzufügen. Petersilie
und Basilikum in die Sauce einschwenken, mit Salz und
Pfeffer abschmecken. Spaghetti al dente kochen, abtropfen
lassen. In die Sauce geben, gut durchschwenken.
Nach Gusto mit frittierten Knoblauchscheiben garnieren.

WEINTIPPS:

○ 2001 Casal di Serra Verdicchio dei Castelli di Jesi,
Umani Ronchi, Marken, Italien
●● 1998 Poggio Ciliegio IGT, Az. Agr. Rascioni &
Cecconello, Toskana, Italien

Pancetta eignet sich hervorragend als würziger Bestandteil
von Saucen oder Fleischgerichten wie dem Florentiner
Rinderschmorbraten – und als Antipasto. Der Bauchspeck vom
Schwein (*pancia* = der Bauch) wird gepökelt, mit Gewürzen
eingerieben, gerollt und mindestens 60 Tage an der Luft getrocknet.

Pinienkerne sind gut verpackte kleine Schätze. Die Samen
der Schirmkiefer (Pinie) stecken in Zapfen und werden außerdem
von einer harten Schale geschützt. Für *pesto alla genovese* und
die venezianische Spezialität *sarde in saor*, mit Zwiebeln, Rosinen
und Pinienkernen marinierte Sardinen, sind *pinoli* unentbehrlich.

SPAGHETTI AL PESTO

Schwierigkeitsgrad: leicht, Zubereitungszeit: 30 Minuten

ZUTATEN FÜR 4 PERSONEN:

*60 g Basilikum, 40 g glatte Petersilie, 100 g Olivenöl,
1 Teel. geröstete Pinienkerne, etwas Meersalz, 1 Teel. Parmesan,
½ abgezogene Knoblauchzehe, 250 g Spaghetti,
etwas fein gehackte Petersilie, 2 Essl. geröstete Pinienkerne*

Basilikum, 40 g Petersilie, Olivenöl, 1 Teel. Pinienkerne,
Meersalz, Parmesan und Knoblauch im Mixer oder
mit dem Pürierstab zu einer sämigen Konsistenz mixen.
Spaghetti kochen. Etwas Kochwasser abnehmen.
Spaghetti abgießen, mit Pesto mischen. Mit Kochwasser
und Petersilie schwenken.

ANRICHTEN:

Auf Teller geben, Pinienkerne darüberstreuen.

WEINTIPPS:

○ 2000 Evel Branco DOC, Real Companhia Vinicóla do
Norte, Douro, Portugal
○○ 1999 Redoma Branco, Niepoort Vinhos,
Douro, Portugal

MELONENSALAT
MIT PARMASCHINKEN UND ORANGEN-VINAIGRETTE

Schwierigkeitsgrad: leicht, Zubereitungszeit: 30 Minuten

ZUTATEN FÜR 4 PERSONEN:

1 in Streifen geschnittene rote Zwiebel, Salz,
1–2 Essl. roter Portwein, 1 geschälte, entkernte, in Streifen
geschnittene Salatgurke (300 g),
1 geschälte, entkernte, in Streifen oder Würfel
geschnittene Honigmelone (600 g), 600 g geschälte,
in Streifen oder Würfel geschnittene Wassermelone,
1–2 Essl. Rotweinessig, 6 Essl. Olivenöl,
Blättchen von 1 Estragonzweig, Saft von 1 Orange,
120 g hauchdünn geschnittener Parmaschinken

Wassermelonen liegen zur Erntezeit rund und feist auf den Feldern Apuliens und der Emilia-Romagna. Wegen ihres Wassergehalts (bis zu 95 Prozent) sind sie im Hochsommer eine erfrischende Alternative zum süßen Dessert.
Zuckermelonen werden vor allem auf Sizilien angebaut. Zu dieser Gattung gehören auch Kantalup-, Honig- und Galia-Melone. Mit luftgetrocknetem Schinken und schwarzem Pfeffer ist die Zuckermelone ein Vorspeisen-Klassiker.

Parmaschinken, wenn er echt ist, trägt die fünfzackige Herzogskrone von Parma. Nur Schweine aus elf vorgeschriebenen Regionen in Italien dürfen ihren Schinken für diese Spezialität hergeben, und auch das erst im Alter ab zehn Monaten. Nach etwa zwei Jahren Reifung hat ein Parmaschinken seine süßliche Note.

Zwiebel salzen, ausdrücken und in Portwein 2–3 Minuten schmoren. Gurken- und Melonenstücke mischen, Zwiebel hinzufügen. Rotweinessig mit 3 Essl. Olivenöl, Salz und Estragon aufschlagen. Über die Früchte geben, gut mischen, 15 Minuten ziehen lassen. Orangensaft auf die Hälfte einkochen. Mit Salz und 3 Essl. Olivenöl aufschlagen.

ANRICHTEN:

Melonensalat auf Tellern anrichten. Mit Orangen-Vinaigrette beträufeln und mit Estragonblättern dekorieren. Parmaschinken anlegen.

WEINTIPPS:

● Portwein 1996 Late Bottled Vintage, Niepoort Vinhos, Douro, Portugal
∞ 1990 Hermitage blanc, Domaine Jean-Louis Chave, Rhône, Frankreich

Miesmuscheln werden in großem Stil in der Lagune von Venedig gezüchtet. Diese *cozze* servieren italienische Köche in maritimen Eintöpfen und Suppen, aber sie passen auch zu Risotto und Pasta. Ebenfalls eine sehr feine Miesmuschel ist die Bouchot-Muschel von der nordfranzösischen Küste.

ANRICHTEN:

Minestrone in Suppenteller füllen, Muschelfleisch und als Dekoration ein paar Schalen anlegen. Sud angießen.

WEINTIPPS:

Sherry Amontillado „Escuadrilla",
Emilio Lustau, Jerez, Spanien
∞ 1995er Château Rayas blanc, Jacques Reynaud,
Châteauneuf-du-Pape, Frankreich

Zucchini gibt es in Italien in Farbschattierungen von Hellgelb bis Dunkelgrün. Sogar runde Exemplare findet man, die sich gut zum Füllen eignen. Geschmacklich sind sie alle gleich. Sie werden geschmort, gebraten, gegrillt oder im Teigmantel ausgebacken. Die Blüten servieren die Italiener mit Weißbrot und Kräutern gefüllt.

GELIERTE MINESTRONE
MIT MIESMUSCHELN

Schwierigkeitsgrad: leicht, Zubereitungszeit: 50 Minuten

ZUTATEN FÜR 4 PERSONEN:

9 Essl. Olivenöl, 1 gehackte Knoblauchzehe, 2 gewürfelte Schalotten, 120 g grob gewürfelte Karotten, 130 g in Scheiben geschnittene Selleriestange, 80 g in Ringe geschnittener Frühlingslauch, 130 g grob gewürfelte Kartoffeln, 70 g geputzte, halbierte grüne Bohnen, 100 g gehäutete, entkernte und gewürfelte Tomaten, je 1 gelber und grüner Zucchino (in Streifen geschnitten), Salz, Pfeffer aus der Mühle, 1 l heißer Geflügel- oder Gemüsefond, 3 Blatt eingeweichte, gut ausgedrückte Gelatine, 1 kg gewaschene Miesmuscheln, 1 angedrückte Knoblauchzehe, 1 Thymianzweig, 1 Lorbeerblatt, 1 Basilikumzweig, 0,1 l Weißwein

6 Essl. Olivenöl in einem Topf erhitzen. Gehackte Knoblauchzehe und Gemüse darin anschwitzen. Salzen, pfeffern. Mit Geflügelfond auffüllen. Bei niedriger Hitze etwa 15 Minuten leicht köcheln lassen. Das Gemüse soll noch Biss haben. Gelatine unterrühren und auf Eis kalt stellen. Miesmuscheln in 3 Essl. Olivenöl mit Knoblauch, Thymian, Lorbeer und Basilikum kurz anrösten. Mit Weißwein ablöschen. Bei geschlossenem Deckel etwa 10 Minuten garen, bis die Muscheln geöffnet sind. Muschelfleisch aus den Schalen nehmen, Sud durch ein Sieb passieren.

CARPACCIO von weissem Tunfisch
und von Rinderfilet
Rezept auf Seite 108

CARPACCIO VON TUNFISCH UND VON RINDERFILET

Schwierigkeitsgrad: leicht, Zubereitungszeit: 30 Minuten

ZUTATEN FÜR 4 PERSONEN:

je 50 g weißer Tunfisch und Rinderfilet (in dünne Scheiben geschnitten), 1–2 Teel. geschmacksneutrales Öl, Meersalz, Pfeffer aus der Mühle, 2 Eigelb, 1 Teel. Dijon-Senf, 2 Essl. Gurkenwasser von sauren Gurken, 0,15 l Olivenöl, 0,18 l Sonnenblumenöl, Saft von 2 ½ Zitronen, 1 Prise Cayennepfeffer, 80 g Frischkäse, 1 Essl. Crème fraîche, ½ Teel. Puderzucker, frittierte Scheiben von 1 violetten Kartoffel, 2 in Ringe geschnittene Frühlingszwiebeln, 3 hauchdünn gehobelte Scheiben bottarga (getrockneter Tunfischrogen, auf Bestellung in italienischen Feinkostgeschäften erhältlich), Basilikumblätter, glatte Petersilie, gestoßene grüne Pfefferkörner

Tunfisch- und Rinderfiletscheiben getrennt zwischen zwei Klarsichtfolien mit etwas Öl platt auswalzen. Zwei Teller mit Meersalz und Pfeffer bestreuen. Auf einem den Tunfisch, auf dem anderen das Rinderfilet ausbreiten, mit Salz und Pfeffer bestreuen. Eigelb mit Senf und Gurkenfond verrühren. Olivenöl und Sonnenblumenöl nacheinander in dünnem Strahl dazugeben und mit dem Schneebesen zu einer Mayonnaise aufschlagen. Mit Meersalz, Saft von ½ Zitrone und Cayennepfeffer würzen. Eine Hälfte der Mayonnaise mit Frischkäse, Crème fraîche, Salz, Pfeffer und Saft von ½ Zitrone abschmecken. In einen Spritzbeutel mit kleiner Öffnung füllen und streifenförmig über das Rinder-Carpaccio spritzen. Restliche Mayonnaise mit dem Saft von 1 ½ Zitronen verrühren. Mit Puderzucker und Salz abschmecken. Mit einem Pinsel auf das Tunfisch-Carpaccio auftragen oder getrennt reichen.

ANRICHTEN:

Tunfisch-Carpaccio mit Kartoffelscheiben, Frühlingszwiebeln und *bottarga* dekorieren. Rinder-Carpaccio mit Basilikum, Petersilie und grünem Pfeffer garnieren.

WEINTIPPS:

∘ 2000 Château Le Raz, Bergerac sec, Vignobles Barde, Südwestfrankreich
∘∘ 2000 Sauvignon blanc, Bernhard Ott, Donauland, Österreich

Bottarga ist gepresster Fischrogen, meist vom Tunfisch oder der Meeräsche. Der Rogen wird zuerst gesalzen und dann getrocknet. Dünne *bottarga*-Scheiben, mit Olivenöl und Zitronensaft beträufelt, sind eine beliebte Vorspeise in Süditalien. Gerieben reicht man diese rare Delikatesse zur Pasta.

SALAT VON JAKOBSMUSCHELN
MIT FENCHEL, ORANGEN UND RAVIOLI

Schwierigkeitsgrad: leicht, Zubereitungszeit: 1 ¼ Stunden

ZUTATEN FÜR 4 PERSONEN:

250 g geputzter Spinat, 400 g feiner Hartweizengrieß, 100 g Mehl, 4 Eigelb, 2 Eier, 25 ml Olivenöl, Salz, 125 g klein geschnittener Mozzarella, 5 getrocknete, klein gewürfelte Tomatenfilets, 10 fein geschnittene Basilikumblätter, Pfeffer aus der Mühle, 1 Prise Cayennepfeffer, 8 geputzte Jakobsmuscheln (in 1 Essl. Olivenöl gegart), Filets von 2 Orangen, 2 in dünne Scheiben geschnittene Fenchelknollen, Saft von 1 Zitrone

Spinat mit Wasser aufkochen, vom Herd nehmen. Spinatmasse, abschöpfen, mit Hartweizengrieß, Mehl, Eigelb, Eiern, Olivenöl und Salz zu einem grünen Teig verkneten. 30 Minuten ruhen lassen. Teilen und zwei Rechtecke ausrollen. Mozzarella, Tomatenwürfel und Basilikumblätter mischen. Mit Salz, Pfeffer und

Cayennepfeffer würzen. Kleine Häufchen der Füllung in Abständen auf ein Teigrechteck setzen. Mit dem anderen belegen. Zwischenräume andrücken. Zu Ravioli ausradeln. In reichlich Salzwasser etwa 2–3 Minuten garen. Jakobsmuscheln, Orangenfilets und Fenchel salzen, mit Zitronensaft beträufeln, ziehen lassen.

ANRICHTEN:

Als Salat auf einer länglichen Platte anrichten.

WEINTIPPS:

∘ 2001 Schloss Lieser Riesling Kabinett, Weingut Schloss Lieser, Mosel-Saar-Ruwer
∘∘ 2001 Terlaner Sauvignon, Ignaz Niedrist, Südtirol, Italien

GESCHMORTER SEETEUFEL MIT TUNFISCH

Schwierigkeitsgrad: leicht, Zubereitungszeit: 1 ¹/₂ Stunden

ZUTATEN FÜR 4 PERSONEN:

1 kleiner, geputzter Seeteufel (800 g), Salz, Pfeffer aus der Mühle, Saft von ¹/₂ Zitrone, 3 Essl. Olivenöl, 200 g weiße, klein gewürfelte Zwiebeln, 3 fein geschnittene Knoblauchzehen, 100 g in kleine Stücke geschnittener Stangensellerie, 300 g Tomatenconcassé (kleine Würfel von gehäuteten und entkernten Tomaten), 100 g pürierte Dosentomaten, 0,25 l heller Fischfond, 80 ml Weißwein, 2 gehackte Sardellenfilets, 15 g kleine Kapern, 200 g Tunfisch (im eigenen Saft), 80 g ganze schwarze Oliven, 1 Essl. gehackte Petersilie

Kapern gedeihen in Italien am besten auf Pantelleria im Süden und den Äolischen Inseln im Norden Siziliens. Sie werden aus den Knospen des niedrigen Kapernstrauchs gewonnen – die besten in trockenem Salz oder Öl eingelegt. Für Kapernäpfel erntet man die reifen Früchte des Kapernstrauchs. Sie werden leicht säuerlich konserviert und als pikante Begleiter zum Beispiel zum Aperitif gereicht.

Seeteufel mit Salz, Pfeffer und Zitronensaft würzen. Olivenöl in einer Pfanne erhitzen, Fisch darin auf beiden Seiten kurz anbraten. Herausnehmen, warm halten. In derselben Pfanne Zwiebeln und Knoblauch anschwitzen, Sellerie und Tomatenconcassé hinzufügen. Mit pürierten Tomaten ablöschen. Seeteufel in eine feuerfeste Form setzen, Gemüse darüber verteilen. Mit Fond und Weißwein ablöschen.
Etwa 20 Minuten im auf 200 Grad vorgeheizten Backofen garen. Seeteufel häufig mit der Garflüssigkeit begießen. Fisch herausnehmen. Warm stellen. Sardellen, Kapern, Tunfisch, Oliven und Petersilie in den Sud einschwenken. Mit Salz und Pfeffer abschmecken.

Gnocchi:

500 g gewürfelte mehlige Kartoffeln, 200 g Mehl, Salz, Pfeffer aus der Mühle, frisch geriebene Muskatnuss, 2 Eier, Mehl zum Bestäuben, 1–2 Essl. Olivenöl zum Braten

Kartoffeln kochen, ausdampfen lassen. Noch warm durch eine Kartoffelpresse drücken. Mehl, Salz, Pfeffer und Muskat hinzufügen. Eier dazugeben, alles schnell zu einem glatten Teig verarbeiten. Teig kurz ruhen lassen, in zwei Stränge von etwa 2 cm Dicke rollen. Mit Mehl bestäuben und einem

großen Messer in etwa 1 cm breite Stücke schneiden. Mit dem Gabelrücken zur typischen Gnocchi-Form drücken. Die Gnocchi in kochendem Salzwasser etwa 2 Minuten garen. Abgießen und in heißem Olivenöl kurz anbraten.

ANRICHTEN:

Seeteufel auf vorgewärmter Platte anrichten, Gemüse und Gnocchi darübergeben.

TIPP:

Statt Fischfond kann auch *langostino*-Fond verwendet werden. Hier das Rezept:

langostino-Fond

2 Essl. Olivenöl, 25 g gewürfelter Stangensellerie, 35 g gewürfelte Karotte, 400 g Köpfe und Schalen von langostinos (Riesengarnelen), 1 Spritzer Cognac, je 50 ml Weißwein und Wermut, 250 g pürierte Dosentomaten, 1 kleine Chilischote, 1 halbierte Knoblauchzehe, 1 Thymianzweig

Olivenöl in einem Topf erhitzen. Stangensellerie, Karotten und *langostino*-Abschnitte kräftig anrösten. Mit Cognac, Weißwein und Wermut ablöschen. 1 Essl. Wasser und pürierte Tomaten hinzufügen. Chilischote, Knoblauch und Thymian hineingeben, etwa 20 Minuten köcheln lassen. Durch ein Sieb passieren, dann weiterverwenden.

WEINTIPPS:

○ 1999 Untertürkheimer Herzogenberg
Grauer Burgunder Spätlese trocken,
Weingut Wöhrwag, Württemberg
○○ 1996 Puligny-Montrachet „Les Pucelles" Premier Cru,
Domaine Leflaive, Burgund, Frankreich

Schalotten, Champignons, Stangensellerie, Topinambur und Kartoffeln jeweils separat in Olivenöl anbraten. Oktopus mit Zitronensaft, Salz und Pfeffer würzen. Ebenfalls in Olivenöl anbraten.

ANRICHTEN:

Alle Zutaten mit der Vinaigrette mischen.

WEINTIPPS:

○ 2001 Orvieto classico „Terre Vineate",
Az. Palazzone, Umbrien, Italien
○○ 1999 Bellavista „Satèn" Gran Cuvée Brut
Franciacorta, Az. Agr. Bellavista, Franciacorta, Italien

Oktopus wird in unterschiedlichen Größen beim Händler angeboten. Die kleinen *polpi* nur kurz garen, sonst werden sie zäh. Große Exemplare mit dicken Armen müssen länger kochen, haben dann aber auch ein sehr zartes Fleisch, das gut als Antipasto mit Essig und Öl oder im Meeresfrüchtesalat schmeckt.

SALAT MIT OKTOPUS
Schwierigkeitsgrad: leicht, Zubereitungszeit: 30 Minuten

ZUTATEN FÜR 4 PERSONEN:

Vinaigrette:

5 kleine Kapern, 15 g fein gehackte schwarze Oliven,
20 g fein gehackte getrocknete Tomaten,
2 Essl. Olivenöl, Salz, schwarzer Pfeffer aus der Mühle

Alle Zutaten miteinander verrühren. Kurz ziehen lassen.

Salat:

60 g geschälte, geviertelte Schalotten,
80 g geputzte, in Scheiben geschnittene Champignons,
80 g in Stücke geschnittener Stangensellerie,
70 g gewürfelter Topinambur,
8 Scheiben gekochte Kartoffeln, 3–4 Essl. Olivenöl,
120 g in kleine Stücke geschnittener vorgekochter Oktopus,
2 Essl. Zitronensaft, Salz, schwarzer Pfeffer aus der Mühle

MEERESFRÜCHTE-RISOTTO

Schwierigkeitsgrad: leicht, Zubereitungszeit: 40 Minuten

ZUTATEN FÜR 4 PERSONEN:

60 g Butter, 6 Essl. Olivenöl,
1 fein gewürfelte, mittelgroße Schalotte,
½ fein geschnittene Knoblauchzehe,
240 g Risotto-Reis,
2 Essl. Weißwein,
0,5 l kochend heißer heller Geflügelfond, Salz,
je 15 geputzte, blanchierte Herz-,
Venus- und Miesmuscheln (z. B. Bouchot),
40 g Sepia, 2 geputzte Jakobsmuscheln ohne Schale,
2 in dünne Scheiben geschnittene Oktopusarme,
40 g klein geschnittener Frühlingslauch,
1 Essl. fein gehackte Petersilie,
evt. 4 gebratene Scampi als Garnitur

20 g Butter mit 4 Essl. Olivenöl in einem Topf aufschäumen lassen. Schalottenwürfel und Knoblauch hinzufügen, farblos anschwitzen. Risotto einschütten, sofort umrühren. Reis unter ständigem Rühren glasig werden lassen. Mit Weißwein ablöschen. Bei mittlerer Hitze weiterrühren, bis der Wein absorbiert ist. Nach und nach heißen Geflügelfond angießen. Immer wieder rühren und etwa 15 Minuten quellen lassen. Mit restlicher Butter binden. Sepia, Jakobsmuscheln und Oktopusscheiben separat in restlichem Olivenöl (2 Essl.) anbraten. Mit den Muscheln zum Risotto geben.

ANRICHTEN:

Frühlingslauch und Petersilie unterheben, nochmals mit Salz abschmecken, sofort servieren. Nach Gusto mit gebratenem und ausgelöstem Scampo garnieren.

WEINTIPPS:

○ 1999 Soave classico superiore „Calvarino“, Leonildo Pieropan, Venetien, Italien
○○ 1995 Grüner Veltliner Kellerberg Smaragd, F. X. Pichler, Wachau, Österreich

ROCHENFLÜGEL MIT TUNFISCH-MAYONNAISE

Schwierigkeitsgrad: leicht, Zubereitungszeit: 45 Minuten

ZUTATEN FÜR 4 PERSONEN:

Mayonnaise:

1 Ei, 1 Eigelb, 1 Teel. Dijon-Senf, 1 Spritzer Zitronensaft,
je 0,2 l Oliven- und Pflanzenöl, 150 g Tunfisch in Öl, 4 Sardellenfilets,
1 Teel. feine Kapern, 1 Spritzer Kapernlake, Salz und Pfeffer

Ei, Eigelb, Senf und Zitronensaft mischen, das Öl langsam angießen und ununterbrochen schlagen. Den Tunfisch abgießen, zerpflücken, die Sardellenfilets fein hacken, dazugeben und weiterschlagen. Mit Kapern, Kapernlake, Salz und Pfeffer würzen.

Rochenflügel:

1 Rochenflügel (ca, 1,2 kg), ½ Zitrone, 100 g Mehl, Salz und Pfeffer aus der Mühle,
3 Essl. Olivenöl, ½ geschälte und klein gewürfelte, rote Paprika, 100 g klein gezupfter Tunfisch,
1 Teel. halbierte Kapern, 2 in feine Ringe geschnittene Frühlingszwiebeln

Den Rochenflügel mit Zitronensaft von beiden Seiten beträufeln, salzen, pfeffern und leicht mehlieren. Öl in Pfanne erhitzen und den Rochenflügel heiß anbraten. Im vorgeheizten Ofen bei 200 Grad 7–10 Min. auf jeder Seite garen. Immer wieder mit dem Bratfett begießen. Herausnehmen und auf eine Platte legen. Mit dem stumpfen Ende eines Löffels die Muskelstränge weiten und die Mayonnaise einfüllen.

ANRICHTEN:

Mit Paprikawürfeln, Tunfisch, Kapern und den Frühlingszwiebelringen garnieren.

WEINTIPPS:

∘ 2001 Regaleali Bianco Sicilia IGT, Conte Tasca d'Almerita, Sizilien, Italien
∘∘ 2000 Condrieu „Côteau de Vernon", Domaine Georges Vernay,
Côtes-du-Rhône, Frankreich

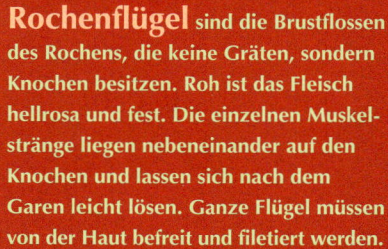

Rochenflügel sind die Brustflossen des Rochens, die keine Gräten, sondern Knochen besitzen. Roh ist das Fleisch hellrosa und fest. Die einzelnen Muskelstränge liegen nebeneinander auf den Knochen und lassen sich nach dem Garen leicht lösen. Ganze Flügel müssen von der Haut befreit und filetiert werden.

KANINCHEN
IN PAPRIKA

Schwierigkeitsgrad: leicht, Zubereitungszeit: 1 ½ Stunden

ZUTATEN FÜR 4 PERSONEN:

*1 ausgenommenes Kaninchen (gut 1 kg), Salz,
Pfeffer aus der Mühle, 3 Essl. Olivenöl, 1 Essl. Rotweinessig
(mit wenig Säure), 250 g in große Würfel geschnittene
weiße Zwiebel, je 240 g geputzte, entkernte und in Rauten
geschnittene gelbe und grüne Paprika,
270 g geputzte, entkernte und in Rauten geschnittene
rote Paprika, 3 ungeschälte Knoblauchzehen,
1 Bouquet garni (1 kleine Stange Sellerie,
2 Petersilienstängel, 1 Lorbeerblatt, 3–4 Rosmarinzweige),
6 Essl. passierte Tomaten, 0,1 l Weißweinessig,
0,4 l heller, auf 0,2 l reduzierter Geflügelfond*

Kaninchen innen und außen mit Salz und Pfeffer würzen.
Im Bräter in heißem Olivenöl von allen Seiten anbraten.
Mit Rotweinessig ablöschen. Zwiebeln hinzufügen, mit
anschwitzen. Paprikarauten, Knoblauch und Bouquet garni
zum Fleisch geben. Kurz mit anbraten. Tomatenpüree
hinzufügen. Mit Weißweinessig ablöschen. Reduzierten
Geflügelfond angießen. Kurz umrühren. Deckel auflegen
und bei milder Hitze etwa 1 Stunde schmoren lassen.

ANRICHTEN:

Kaninchen zerlegen. Auf vorgewärmter
Platte anrichten. Mit dem Paprikagemüse umlegen.
Dazu passen Kartoffelpüree oder Polenta.

WEINTIPPS:

• 1998 Viñas de Gain Crianza,
Artadi-Consecheros Alaveses, Rioja, Spanien
•• 1996 Mouchão, Herdade do Mouchão,
Alentejo, Portugal

SCHMORHUHN
MIT KNOBLAUCH

Schwierigkeitsgrad: leicht, Zubereitungszeit: 1 ¾ Stunden

ZUTATEN FÜR 4 PERSONEN:

*2 Essl. Olivenöl, 1 Essl. Butter, 400 g Hühnerkeulen und
-bruststücke mit Knochen, Salz, Pfeffer aus der Mühle,
2 ungeschälte Knoblauchknollen, je 2 Rosmarin- und
Thymianzweige, 50 g gewürfelter Stangensellerie,
50 g gewürfelte Karotte, 150 g gewürfelte Zwiebeln,
6 mittelgroße, geschälte und halbierte Zwiebeln,
etwa 0,1 l Geflügelfond*

In einem Bräter mit Deckel Olivenöl und Butter aufschäumen.
Hühnerstücke mit Salz und Pfeffer einreiben. Mit Knoblauchknollen, Rosmarin- und Thymianzweigen von allen Seiten
bei milder Hitze anbraten. Stangensellerie, Karotten und
Zwiebeln hinzufügen. Deckel auflegen und etwa 1 ¼ Stunden
schmoren lassen. Falls nötig, etwas Geflügelfond hinzufügen.

ANRICHTEN:

Nach dem Ende der Garzeit alles sofort heiß aus dem
Bräter servieren. Dazu passen Kartoffeln.

WEINTIPPS:

• 1997 Rosso di Montalcino, Siro Pacenti,
Toskana, Italien
•• 1996 Terreus, Bodega Mauro,
Ribera del Duero, Spanien

zweige zugeben. Lamm auf der Rückenseite in die Pfanne setzen. Etwa 6 Minuten bei 200 Grad im vorgeheizten Backofen anbraten. Wenden, weitere 6 Minuten rosa braten. 20 Minuten bei 50 Grad ruhen lassen.

ANRICHTEN:

Auberginenhälften auf heißen Tellern anrichten. Je eine Tomatenhälfte mit der Schnittfläche nach oben auflegen. Lammkarree in Scheiben schneiden. Nochmals salzen, pfeffern. An die Tomaten anlegen. Kartoffelnudeln dekorativ darüber setzen.

WEINTIPPS:

● 1999 Mesoneros de Castilla, Bodegas Ismael Arroyo, Ribera del Duero, Spanien
●● 1999 Cabernet Sauvignon Casa Real, Viña Santa Rita, Maipo, Chile

Auberginen bilden mit Tomaten und Kartoffeln den perfekten Dreiklang in der italienischen Gemüseküche. Es gibt sie mit gelber, weißer oder violetter Schale. Durch ihren neutralen Geschmack sind sie vielseitig einsetzbar. Die „Eierfrüchte" werden gebraten, gegrillt oder frittiert – gefüllt oder als Füllung verwendet.

LAMMKARREE MIT AUBERGINEN UND TOMATEN

Schwierigkeitsgrad: leicht, Zubereitungszeit: 1 ½ Stunden

ZUTATEN FÜR 4 PERSONEN:

2 mittelgroße Auberginen, 6 Essl. Olivenöl,
6 angedrückte ungeschälte Knoblauchzehen,
je 4 Thymian- und Rosmarinzweige, Salz,
schwarzer Pfeffer aus der Mühle,
2 halbierte Tomaten, 1 große Kartoffel,
Fett zum Frittieren, 1 pariertes Lammkarree (ca. 1 kg)

Auberginen waschen, längs halbieren. Schnittflächen kreuzweise einschneiden. In einer beschichteten Pfanne 3 Essl. Olivenöl erhitzen. 2 Knoblauchzehen, je 1 Thymian- und Rosmarinzweig hinzufügen. Auberginen hineinsetzen. Mit Alufolie abdecken, bei mittlerer Hitze etwa 30 Minuten braten. Wenden, weitere 15 Minuten braten. Salzen, pfeffern. Auf ein Blech 1 Essl. Olivenöl, 2 Knoblauchzehen, je 1 Thymian- und Rosmarinzweig geben. Tomatenhälften darauf setzen. Bei 160 Grad 1 Stunde im vorgeheizten Backofen schmoren. Kartoffel schälen. In 1 cm dicke, gleichmäßige Scheiben schneiden. Mit einem Sparschäler ohne abzusetzen immer entlang des Scheibenrandes schälen, sodass eine lange „Kartoffelnudel" entsteht. Bei 130 Grad im Frittierfett kurz vorbacken. Abtropfen lassen, abtupfen. Bei 170 Grad goldbraun frittieren. Lammkarree mit Salz und Pfeffer einreiben. In einer Pfanne 2 Essl. Olivenöl erhitzen. 2 Knoblauchzehen, restliche Thymian- und Rosmarin-

OSSOBUCO

Schwierigkeitsgrad: leicht, Zubereitungszeit: 2 Stunden

ZUTATEN FÜR 4 PERSONEN:

Ossobuco:

1 Essl. Butter, 4 Essl. Sonnenblumenöl, 4 Beinscheiben vom Rind à 250 g (ossobuco), Salz, schwarzer Pfeffer aus der Mühle, 1 Essl. Mehl, 100 g gewürfelte Zwiebeln, 100 g gewürfelte Karotten, 30 g gewürfelter Stangensellerie, 150 g pürierte Dosentomaten, 1 Bouquet garni (je 1 Thymian- und Rosmarinzweig, Lorbeerblatt, dazu Basilikum- und Petersilienstängel)

Die Hälfte der Butter und des Öls in einem großen Bräter hell aufschäumen lassen. Fleisch salzen, pfeffern. Leicht mehlieren. Von allen Seiten kurz anbraten. Fleisch aus dem Bräter nehmen, Fett abgießen. Restliche Butter und 2 Essl. Öl hineingeben. Zwiebeln, Karotten und Stangensellerie hinzufügen, anrösten. Pürierte Tomaten angießen. Fleisch auf das Gemüsebett legen. Bouquet garni zugeben. Deckel auflegen. Im vorgeheizten Ofen bei 180 Grad 1 ½ Stunden leise vor sich hin köcheln lassen. Von Zeit zu Zeit wenden. Falls nötig, etwas Wasser angießen. Beinscheiben herausnehmen, warm stellen. Sauce und Schmorgemüse durch ein Sieb passieren.

Gemüse:

1 Essl. Olivenöl, 90 g gewürfelte Zwiebeln, 60 g gewürfelte Karotten, 50 g gewürfelter Stangensellerie, passierte Sauce vom ossobuco

Olivenöl erhitzen, Zwiebeln, Karotten und Stangensellerie farblos anschwitzen. Passierte Sauce darübergeben, Gemüse langsam darin weich schmoren (etwa 15 Minuten).

gremolata (Würzmischung):

20 Blätter glatte Petersilie, 2 gerebelte Thymianzweige, 1 gerebelter Rosmarinzweig, ½ Knoblauchzehe, 1 Teel. Olivenöl, abgeriebene Schale von 1 Zitrone

Petersilie, Thymian, Rosmarin und Knoblauch sehr fein hacken. In Olivenöl kurz garen lassen. Mit Zitronenschale mischen.

Risotto:

1 Essl. Butter, 1 Essl. Olivenöl, 20 g fein gewürfelte Schalotten, 150 g Risotto-Reis, 20 ml Weißwein, 0,3 l kochend heißer Geflügelfond, 1 Msp. Safranfäden, Salz, 35 g kalte Butter, 25 g geriebener Parmesan

Butter und Olivenöl hell aufschäumen lassen. Schalottenwürfel darin farblos anschwitzen. Risotto-Reis bei mittlerer Hitze auf einmal dazuschütten, sofort umrühren. Reis unter ständigem Rühren glasig werden lassen. Mit Weißwein ablöschen. Weiterrühren, bis der Reis die Flüssigkeit absorbiert hat. Nach und nach kochend heißen Fond angießen, dabei ständig rühren. Immer erst nachgießen, wenn die Flüssigkeit weitgehend aufgesogen ist. Safran einrühren. In etwa 12–15 Minuten fertig kochen. Salzen. Mit Butter und Parmesan binden.

ANRICHTEN:

Ossobuco kurz mit dem Gemüse und der Sauce erwärmen. Auf heißen Tellern anrichten. Mit Sauce und Gemüse bedecken. *Gremolata* in die Knochen füllen. Risotto dazureichen.

WEINTIPPS:

• 1998 Montiano Rosso Lazio IGT, Az. Falesco, Latium, Italien
•• 1997 Château Léoville-Barton, Saint Julien, Bordeaux, Frankreich

Risotto-Reis wird im Piemont, in Venetien und in der Lombardei angebaut. Die bekannteste Sorte, der rundliche, würzige Vialone nano, kommt aus der Provinz Verona. Die Sorte Arborio klebt etwas mehr, und der Carnaroli wird noch cremiger beim Kochen.

Cassata mit Kirschragout und Zabaione

Schwierigkeitsgrad: schwer,
Zubereitungszeit: 2 Stunden plus Gefrierzeiten

Zutaten für 4 Personen:

Cassata für 1 halbrunde Form von 28 cm Länge und 8 cm Breite:
0,125 l Milch, 0,375 l süße Sahne,
2 Vanilleschoten (Mark und ausgeschabte Schoten),
200 g Zucker, 2 Eier (100 g), 4 Eigelb (80 g),
1 Prise Salz, 65 g geschmolzene Zartbitterkuvertüre,
150 g italienische kandierte Früchte, 2 Essl. Cointreau,
je 40 g Walnuss-, Haselnuss- und Pistazienkerne,
3 kleine Eiweiß (75 g), 375 g cremig aufgeschlagene Sahne

Milch mit Sahne, Vanillemark und -schoten und
50 g Zucker zum Kochen bringen. Eier und Eigelb mit
50 g Zucker im 80 Grad heißen Wasserbad mit dem
Schneebesen schaumig schlagen. Vanilleschoten aus der
kochenden Milch entfernen. Eier vom Wasserbad nehmen,
kochende Milch zügig nach und nach einrühren.
In Eiswasser kaltrühren. Prise Salz hinzufügen. Durch ein
Haarsieb passieren. Die Hälfte der Eismasse mit Kuvertüre
mischen. Vanille- und Schokoladeneis getrennt gefrieren.
Halbrunde Form mit dem Vanilleeis etwa 1 cm dick
ausstreichen. Zum Festwerden in den Tiefkühler geben.
Dann das Schokoladeneis 1 cm dick auf das Vanilleeis
streichen. Wieder kurz gefrieren lassen. Kandierte Früchte
in kleine Würfel schneiden. Mit Cointreau vermischen.
Nüsse leicht rösten, zu den kandierten Früchten geben.
100 g Zucker mit 50 ml Wasser auf 121 Grad erhitzen
(mit Zuckerthermometer prüfen oder die Fingerprobe
machen: Wenn der aufgelöste Zucker sich zwischen
gekühlten Daumen und Zeigefinger zu einer recht festen,
aber geschmeidigen Kugel formen lässt, stimmt die
Konsistenz). Eiweiß zu Schnee schlagen. Gekochten
Zucker in einem Strahl unter weiterem Schlagen in das
Eiweiß laufen lassen. So lange schlagen, bis die Meringe
kalt ist. Sahne unter die Meringe heben. Kandierte Früchte
und Nüsse unterheben. Masse als Kern in die Eisform
füllen. Nacheinander noch mit je einer 1 cm dicken
Schicht Schokoladen- und Vanilleeis abschließen.
Zum Festwerden zwischendurch in den Tiefkühler stellen.
Cassata mindestens 3 Stunden gefrieren.

Kirschragout:

250 g Kirschen, 100 g Zucker, 0,2 l Rotwein,
0,2 l roter Portwein, ½ aufgeschlitzte Vanilleschote,
⅓ Zimtstange, etwas Mondamin

Kirschen waschen, abtropfen lassen (Saft auffangen),
entsteinen und halbieren. Zucker mit 0,4 l Wasser hell
karamellisieren lassen. 100 g Kirschen hinzufügen. Mit
dem aufgefangenen Kirschsaft, Rotwein und Portwein ablöschen. Vanilleschote und Zimtstange hinzufügen. Kirschen
weich kochen, Vanilleschote und Zimtstange entfernen, durch
ein Sieb passieren. Restliche Kirschen in die Sauce geben, gar
ziehen lassen. Wenn nötig, mit etwas Mondamin abbinden.

Zabaione:

2 Eigelb, 30 g Zucker, 40 ml Weißwein, 20 ml Marsala

Alle Zutaten in eine Schüssel geben. Auf einem Wasserbad
bei etwa 70 Grad aufschlagen, dabei darauf achten, dass
die Masse nicht zu heiß wird, sonst bindet das Eigelb zu
schnell und die Zabaione erhält nicht genügend Volumen.
Sofort auf Eiswasser kaltschlagen.

Anrichten:

Cassata in Scheiben schneiden. Portionsweise mit
Kirschragout und Zabaione auf Tellern anrichten.

Weintipps:

● 2001 Bigaro rosso, Az. Agr. Elio Perrone, Piemont, Italien
∞ 1998 Emerantine Vin blanc noble, Château d'Oupia,
Minervois, Frankreich

Mandelsirup ist eine milchig-weiße Flüssigkeit, die aus Zucker, Wasser und Mandelextrakten hergestellt wird – *siropo delle mandorle*. Mandelsirup wird nicht nur für Desserts, sondern vor allem in Mixgetränken verwendet, wie in dem bekannten Cocktail Mai Tai

Amaretto verdankt sein bittersüßes Aroma der Kombination von süßen und bitteren Mandeln, den *mandorle amare* – daher der Name. Einige Amaretto-Sorten werden sogar nur aus Bittermandeln hergestellt. Der Likör tränkt die Löffelbiskuits des bekannten Desserts *zuppa inglese*

GLASIERTER PFIRSICH MIT
MANDELEIS UND BISCOTTI
REZEPT AUF SEITE 122

GLASIERTER PFIRSICH
MIT MANDELEIS UND BISCOTTI

Schwierigkeitsgrad: mittelschwer,
Zubereitungszeit: 2 Stunden plus Ruhe- und Gefrierzeiten

ZUTATEN FÜR 4 PERSONEN:

Mandelkrokant und Mandeleis:

150 g Zucker, 150 g abgezogene Mandeln, 2 Essl. Mandelsirup (Barzubehör für Cocktails), 0,25 l Milch, 0,25 l Sahne, 6 Eigelb, 1 Essl. Amaretto

Für das Mandelkrokant einen kleinen Topf (aus Kupfer) sehr stark erhitzen. 100 g Zucker nach und nach hineingeben, unter Rühren mit einem Holzlöffel goldbraun schmelzen lassen. 50 g Mandeln unterrühren, karamellisieren lassen. Beiseite stellen.
Für das Mandeleis 1 Essl. Mandelsirup in einem Topf erhitzen. 50 g Mandeln hinzufügen, leicht rösten lassen. Milch und Sahne dazugeben, aufkochen und etwa 1 Stunde ziehen lassen. Eigelb mit 50 g Zucker auf einem Wasserbad in einer Metallschüssel schaumig aufschlagen. Unter ständigem Rühren die Mandel-Sahne-Milch hinzufügen. Schüssel auf Eis setzen, Masse kaltrühren. Mit einem Stabmixer pürieren, durch ein Sieb passieren. Restliche Mandeln fein hacken, hinzufügen. Mit Mandelsirup und Amaretto abschmecken.
In einer Eismaschine oder im Tiefkühlfach gefrieren.

biscotti:

100 g Mandelblättchen, 100 g weiche Butter, 60 g Zucker, 1 Ei, 1 Eigelb, blanchierte Schale von 1 Zitrone und 1 Orange, 1 Rosmarinzweig, 250 g Mehl, 1/2 Teel. Backpulver

Butter und Zucker schaumig schlagen. Ei und Eigelb hinzufügen. Mandelblättchen, Zitronen- und Orangenschale fein hacken. Die Mischung mit einem Rosmarinzweig in einer heißen Pfanne anrösten. Zweig entfernen, Mischung in die aufgeschlagene Buttermasse geben. Mehl und Backpulver unterheben. Aus dem *biscotti*-Teig zwei Rollen mit einem Durchmesser von 3 cm formen. 30 Minuten ruhen lassen. Bei 150 Grad 20 Minuten backen. In fingerdicke Scheiben schneiden, dann bei 120 Grad etwa 1 1/2 Stunden im Backofen trocknen.

Glasierter Pfirsich:

4 blanchierte Pfirsiche, 30 g Marzipan, 70 g zerbröselte biscotti, 2 Essl. Amaretto, 150 g Zucker, 2 Essl. Weißwein, 1 Essl. Grenadine, 1 Essl. Campari, 40 g Butter

Blanchierte Pfirsiche häuten, halbieren, entsteinen. Marzipan, *biscotti*-Brösel und Amaretto gut verkneten. 8 Kugeln in Größe und Form von Pfirsichsteinen bilden. Mit einem Zahnstocher rundherum kleine Mulden einstechen, Pfirsichhälften mit den Marzipankugeln füllen. Aus Zucker und Weißwein hellbraunen Karamell kochen. Mit Grenadine und Campari ablöschen. Butter einschwenken. Pfirsiche mit der Schnittfläche nach oben in den Topf setzen. Mit Karamell übergießen und 10 Minuten bei schwacher Hitze unter dem Grill glasieren.

Mandeln wachsen in Süditalien und vor allem auf Sizilien. Dort verwendet man sie für Gebäck, Pralinen und Desserts. Berühmt sind auch die *frutti della Martorana* aus dem gleichnamigen Kloster auf Sizilien, die täuschend echt geformten und bemalten Früchte aus Marzipan, der veredelten Mandelmasse.

ANRICHTEN:

Pfirsiche und Karamellsauce auf Tellern anrichten, Mandeleis anlegen. Mit dem Mandelkrokant und *biscotti* garnieren.

WEINTIPPS:

○ 2000 Moscato d'Asti „Ferlingot", Tenuta dell' Arbiola, Piemont, Italien
○○ 1995 Maximin Grünhäuser Abtsberg Riesling Eiswein, C. von Schubert'sche Gutsverwaltung, Mosel-Saar-Ruwer

Gebrannte Weincreme mit Stracciatella-Eis

Schwierigkeitsgrad: mittelschwer, Zubereitungszeit: 1 Stunde plus diverse Ruhe-, Gefrier- und Pochierzeiten

Zutaten für 4 Personen:

Stracciatella-Eis:

*0,125 l Milch, 0,375 l Sahne, 2 Vanilleschoten (Mark und ausgeschabte Schoten),
100 g Zucker, 2 Eier (100 g), 4 Eigelb (80 g), 1 Prise Salz, 40 g Zartbitterkuvertüre*

Milch mit Sahne, Vanillemark und –schoten und 50 g Zucker zum Kochen bringen.
Vanilleschoten entfernen. Eier, Eigelb und restlichen Zucker auf einem
80 Grad heißen Wasserbad mit einem Schneebesen schaumig schlagen.
Vom Wasserbad nehmen, die kochende Vanille-Sahne-Milch zügig hineinrühren.
Schüssel in Eiswasser setzen, Eismasse kaltrühren. Prise Salz hinzufügen, durch ein
Haarsieb passieren. In einer Eismaschine halbfest gefrieren. Kuvertüre schmelzen.
Durch ein Papiertütchen mit kleinem Loch unter Rühren in das gefrierende
Eis laufen lassen. Dadurch entstehen Schokoladenstückchen. Eis fertig gefrieren.

Weincreme:

*0,25 l Moscato-Wein,
200 g Mascarpone, 1 Eigelb,
2 Eier, 120 g Zucker,
Saft von 1 Zitrone,
brauner Zucker zum
Karamellisieren,
Garnitur: Melonenstreifen, mit
dem Sparschäler geschnitten*

Alle Zutaten in einer Schüssel
miteinander verrühren.
30–60 Minuten ruhen lassen.
Durch ein Haarsieb streichen.
In ofenfeste Förmchen füllen.
Fettpfanne aus dem Ofen mit
Papier auslegen. Förmchen
hineinstellen. So viel Wasser
angießen, dass die Schalen zu
einem Drittel im Wasser stehen.
Creme bei 100–110 Grad
3–4 Stunden im Ofen pochieren.
Über Nacht im Kühlschrank
abkühlen lassen.

Anrichten:

Vor dem Servieren mit
braunem Zucker bestreuen.
Direkt unter dem
Grill karamellisieren.
Eis extra reichen.

Weintipps:

○ 2000 Ürziger Würzgarten
Riesling Auslese, Dr. Loosen,
Mosel-Saar-Ruwer
○○ 2001 Botrytis Semillon,
Elderton, New South Wales,
Australien

Ein KUNSTSTÜCK der spanischen Köche ist

die kühne Vermählung von MAR Y MONTAÑA,

von Zutaten aus dem MEER und aus den BERGEN.

Da machen dann in den REZEPTEN Schweinsfuß

und Languste gemeinsame Sache – oder Rotbarbe

und Schinken. MINIATUREN mit

großer Wirkung sind TAPAS – hier à la Witzigmann!

SPANIEN

ALBONDIGAS – LAMMHACKBÄLLCHEN
MIT NUDELN

Schwierigkeitsgrad: leicht, Zubereitungszeit: 1 Stunde

ZUTATEN FÜR 4 PERSONEN:

*300 g Lammhack, 1 klein gewürfelte Zwiebel,
1 geschälte, klein gehackte Knoblauchzehe,
½ altbackenes, in Wasser eingeweichtes, gut ausgedrücktes
Brötchen, 1 Teel. Dijon-Senf, 1 Ei, Salz, Pfeffer aus der Mühle,
50 g in schmale Streifen geschnittener roher
spanischer Schinken, 10 Essl. Olivenöl,
2 Essl. frische Rosmarinnadeln,
10 entkernte kleine grüne Oliven,
1 kleine, fein gehackte Chilischote, 10 klein geschnittene
getrocknete Tomaten, 320 g breite Bandnudeln,
2 geschälte, in Streifen geschnittene, blanchierte Zucchini*

Lammhack, Zwiebel, Knoblauch, Brötchen, Senf und Ei gut
mischen. Mit Salz und Pfeffer würzen. Zu kleinen Kugeln
formen. Mit den Schinkenstreifen in 5 Essl. Olivenöl
braten. In einer anderen Pfanne restliches Olivenöl
erhitzen. Rosmarin, Oliven, Chili und Tomaten
dazugeben. Mit Salz und Pfeffer würzen. Nudeln al dente
kochen. Mit Hackbällchen und Schinken zum
gewürzten Olivenöl geben.

ANRICHTEN:

Heiß aus der Pfanne auf die vorgewärmten Teller geben.
Mit Zucchinistreifen mischen.

WEINTIPPS:

• 1999 Château de Moulinier, Guy Moulinier,
Saint-Chinian, Languedoc-Roussillon, Frankreich
•• 1998 „Campus", Gran Colegiata,
Bodegas Fariña, Toro, Spanien

GAZPACHO
MIT PAPRIKA

Schwierigkeitsgrad: leicht,
Zubereitungszeit: 20 Minuten

ZUTATEN FÜR 4 PERSONEN:

3 Gurken (450 g), je 2 rote und gelbe Paprika,
6 Tomaten (400 g), 10 Basilikumblätter,
2 abgezogene Knoblauchzehen,
0,12 l Olivenöl, 2 Essl. Rotweinessig,
Salz, Pfeffer aus der Mühle,
Cayennepfeffer,
4 kleine rote Paprikaschoten,
Olivenöl und Basilikumblättchen als Garnitur

2 Gurken schälen, in grobe Stücke schneiden.
Je 1 rote und gelbe Paprikaschote
entkernen. In Stücke schneiden. Beides mit
den Tomaten, Basilikumblättern,
Knoblauch, Olivenöl, Rotweinessig, Salz,
Pfeffer und Cayennepfeffer zwei
Minuten mit dem Pürierstab schlagen.
Durch ein Sieb streichen.
Kalt stellen. Restliche Gurke und
Paprikaschoten schälen, entkernen.
In kleine Würfel schneiden, salzen.

Paprika gehört frisch und als Pulver (zum Beispiel *pimentón de la Vera*)
in viele spanische Gerichte. Neben der roten, aromatischen Gemüsepaprika,
die auch gerne gegrillt wird, sind die würzigen *pimientos del piquillo*
sehr beliebt – kleine rote Schoten, die sich gut entkernen und füllen lassen.

ANRICHTEN:

Suppe auf vier Tellern verteilen. Je eine kleine
rote Paprikaschote halbieren, entkernen
und mit Gemüsewürfeln füllen. In die Suppe
legen. Etwas Olivenöl darüberträufeln und
mit Basilikumblättern bestreuen.

WEINTIPPS:

○ 2001 Enate Rosado Cabernet Sauvignon,
Viñedos y Crianzas del Alto Aragón, Somontano, Spanien
○○ 2000 Sauvignon blanc Selektion Moarfeitl,
Neumeister, Steiermark, Österreich

Stangenbohnen, Schneidebohnen und Kerne von Dicken Bohnen in kochendem Salzwasser auf den Punkt garen. In Eiswasser abschrecken. Frühlingszwiebeln in Ringe schneiden, mit allen Bohnen mischen. Aus Sherryessig, Senf, Olivenöl, Salz und Pfeffer eine Vinaigrette rühren. Mit Geflügelfond und Zucker abschmecken. Über die Bohnen geben.

ANRICHTEN:

Bohnensalat auf vier Tellern anrichten. Mit viel gezupfter Petersilie garnieren. Mit je sechs Scheiben Entenbrust belegen und Croûtons darüber verteilen.

WEINTIPPS:

• 2000 Enate Rosado, Viñedos y Crianzas del Alto Aragón, Somontano, Spanien
•• 1998 Protos Crianza, Bodegas Protos, Ribera del Duero, Spanien

Sherryessig der besten Qualität trägt eine kontrollierte Ursprungsbezeichnung (DO). Der *vinagre de Jerez* lagert in den Bodegas der andalusischen Sherryhersteller in Eichenfässern. Die Ausgangsbasis ist Sherry. Wie dieser wird der Essig im Solera-Verfahren erzeugt: Dabei wird die Menge reifen Essigs, die einem Fass entnommen wird, durch den nächst jüngeren ersetzt.

BOHNENSALAT MIT
ENTENBRUST
Schwierigkeitsgrad: leicht, Zubereitungszeit: 30 Minuten

ZUTATEN FÜR 4 PERSONEN:

60 g in 3 cm lange Stücke geschnittene Stangenbohnen,
80 g mit dem Sparschäler längs geschnittene Schneidebohnen,
4 Essl. blanchierte, gehäutete Kerne von Dicken Bohnen,
Salz, 4 blanchierte Frühlingszwiebeln,
4 Essl. gegarte weiße Bohnen, 2 Essl. Sherryessig,
2 Teel. Dijon-Senf, 4–6 Essl. Olivenöl,
Salz, Pfeffer aus der Mühle, 4 Essl. Geflügelfond,
1 Prise Zucker, 4 Stiele glatte Petersilie,
24 geräucherte Entenbrustscheiben,
2 Essl. Weißbrot-Croûtons

BOHNENEINTOPF

Schwierigkeitsgrad: leicht, Zubereitungszeit: 1 Stunde plus 2 Stunden Bohnengarzeit

ZUTATEN FÜR 4 PERSONEN:

*je 300 g weiße und schwarze getrocknete Bohnen,
2 Bouquets garnis (je 1 Lorbeerblatt, Karotte, Stangensellerie),
1 geschälte, halbierte Zwiebel, 150 g in Scheiben geschnittener
gekochter Bauchspeck, 3 Essl. Olivenöl, 1 geputzte, in Scheiben
geschnittene Karotte, 1 in Scheiben geschnittene Stange Sellerie,
2 in Scheiben geschnittene Schalotten, 1 Lorbeerblatt,
2 gepellte butifarra negra (kleine Blutwürste, je etwa 70 g),
1 in feine Streifen geschnittene pimiento de Padrón (s. Foto S. 140;
ersatzweise 1 grüne längliche Paprikaschote), Salz, Pfeffer aus der Mühle,
1 in Scheiben geschnittene Chorizo (Paprikawurst, scharf)*

Weiße und schwarze Bohnen in zwei Töpfen getrennt mit je 1 Bouquet garni und einer halben Zwiebel gut mit Wasser bedecken, in rund 2 Stunden weich köcheln. Dabei nicht salzen. Je eine Hälfte der Bohnen mit der Kochflüssigkeit im Mixer pürieren und durch ein Sieb passieren. Bauchspeck in einer Kasserolle in Olivenöl anbraten. Karotte, Sellerie und Schalotten hinzufügen, kurz braten. Passierte Bohnen (etwa 1,5 l), ganze Bohnen, Lorbeerblatt und *butifarra* dazugeben. 30 Minuten köcheln lassen. Dann *pimiento de Padrón* hinzufügen, weitere 15 Minuten leicht köcheln lassen. Mit Salz und Pfeffer würzen. Chorizo-Scheiben kurz auf beiden Seiten anbraten.

ANRICHTEN:

Bohneneintopf mit Chorizo-Scheiben und den in Scheiben geschnittenen *butifarra* garnieren.

WEINTIPPS:

● 2000 Bergerac Rosé, Château Le Raz, Südwestfrankreich
●● 2000 Merlot, Casa Lapostolle, Rapel Valley, Chile

TORTILLA MIT
AUBERGINEN, ZWIEBELN
UND CHORIZO

Schwierigkeitsgrad: leicht, Zubereitungszeit: 30 Minuten

ZUTATEN FÜR 4 PERSONEN:

*60 g gepellte, klein gewürfelte Chorizo (Paprikawurst, scharf),
90 g in sehr feine Würfel geschnittene Aubergine, 0,1 l Olivenöl plus
3 Essl. Olivenöl, 100 g in ½ cm große Würfel geschnittene Zwiebeln,
1 kleine Knoblauchzehe in Scheiben, Salz, Pfeffer, 6 verquirlte Eier,
2 Essl. sehr fein gehackte Petersilie, als Garnitur: frittierte, längs
geschnittene Auberginen- und Chorizo-Scheiben, frittierte Petersilie*

Chorizo- und Auberginenwürfel in 0,1 l Öl frittieren. Aus der
Pfanne heben und auf Küchenkrepp abtropfen lassen. Zwiebeln
und Knoblauch ebenfalls frittieren. Auf Küchenpapier entfetten.
Alles mischen, salzen, pfeffern. Verquirlte Eier und Petersilie
unterrühren. In einer Pfanne mit hohem Rand 3 Essl. Olivenöl
erhitzen. Eier-Wurst-Mischung darin anbacken. Bei 250 Grad
Oberhitze im Ofen etwa 10 Minuten stocken lassen.

ANRICHTEN:

Tortilla in Stücke schneiden. Mit frittierten Auberginen- und
Chorizo-Scheiben garnieren. Frittierte Petersilie anlegen.

WEINTIPPS:

• 2000 Winterbacher Hungerberg Dornfelder Qualitätswein
trocken, Weingut Jürgen Ellwanger, Württemberg
∘∘ 2000 Ried Achleiten Riesling Smaragd trocken,
Franz Prager, Wachau, Österreich

SCHNECKEN IN
DER KARTOFFEL

**Schwierigkeitsgrad: leicht,
Zubereitungszeit: 1 Stunde 15 Minuten**

ZUTATEN FÜR 4 PERSONEN:

*4 große Backkartoffeln, 500 g grobes Meersalz,
6 abgezogene Knoblauchzehen, Salz, 3 Eigelb,
je 0,125 l Oliven- und Sonnenblumenöl,
Saft von ½ Zitrone,
schwarzer Pfeffer aus der Mühle,
16 gegarte Schnecken in ihrem Sud,
12 gegarte Schnecken im Haus,
8 blanchierte Frühlingszwiebeln,
2 in Streifen geschnittene Scheiben Serrano-Schinken,
6 halbierte Kapernäpfel,
etwas gehackte Petersilie nach Wunsch*

Backkartoffeln in ein Bett aus grobem Meersalz
setzen. Im auf 200 Grad vorgeheizten Ofen etwa
1 Stunde garen. Längs bis zur Mitte einschneiden
und halb aushöhlen. Die ausgehöhlte
Kartoffelmasse grob zerteilen. Für die *alioli*
(Knoblauchmayonnaise) Knoblauchzehen im
Mörser oder mit einer Presse zu einer Paste
zerdrücken. Salzen. Mit Eigelb verquirlen.
Oliven- und Sonnenblumenöl in dünnem Strahl
unter kräftigem Rühren hinzufügen.
Mit Zitronensaft, Salz und Pfeffer abschmecken.
Schnecken im Sud erhitzen, abschmecken.

ANRICHTEN:

Kartoffeln mit etwas grobem Salz auf die Teller
setzen, dabei an der Schnittstelle auseinander-
ziehen, ohne dass sie in zwei Hälften zerfallen.
Die ausgehöhlte Kartoffelmasse mit je zwei
Frühlingszwiebeln, vier Schnecken aus dem Sud,
drei Kapernäpfelhälften in jede Kartoffel einfüllen.
Mit Serrano-Schinkenstreifen belegen.
Schnecken im Panzer anlegen. Nach Wunsch mit
Petersilie garnieren. *Alioli* extra reichen.

WEINTIPPS:

• 1998 Dom Brial Rouge, Fût de Chène,
Cave de Vignerons Baixas, Côtes de
Roussillon Villages, Frankreich
∘∘ 2000 „La Testa" Chardonnay,
Classic McLaren, McLaren Vale, Australien

Am nächsten Tag Flüssigkeit durch ein Sieb passieren. Sardinenköpfe und -gräten entfernen, Gemüse aufheben. Sardinenfilets mit Salz und Pfeffer leicht würzen, in 2 Essl. Olivenöl nur auf der Hautseite kurz braten. Sud erhitzen.

EN ESCABECHE (MARINIERT):

Sardinenfilets in eine flache Schüssel legen. Mit heißem Sud übergießen und mindestens 24 Stunden ziehen lassen.

ANRICHTEN:

Filets mit mariniertem Gemüse, frischen Lauchzwiebel-ringen und Chiliringen garnieren. Dicke Bohnen anlegen.

WEINTIPPS:

○ 2000 Verdejo Martivilli Rueda Superior, Bodegas Ange Lorenzo Cachazo, Rueda, Spanien
○○ 1999 Vouvray „Vigne Blanche" Réserve Privée, Marc Brédif, Loire, Frankreich

Sardinen sind in Spanien seit Jahrhunderten beliebt, vor allem in marinierter Form. *En escabeche* heißt die traditionelle, köstlich erfrischende Konservierungsmethode mit Öl, Essig und Gewürzen (siehe nebenstehendes Rezept). Aber natürlich landen die fangfrischen Sardinen aus den nahen Küstengewässern häufig auch gleich auf dem Grill.

MARINIERTE SARDINEN

Schwierigkeitsgrad: leicht, Zubereitungszeit: 1 ¹/₂ Stunden plus 48 Stunden Marinier- und Kühlzeit

ZUTATEN FÜR 4 PERSONEN:

12 kleine absolut frische Sardinen (vom Fischhändler als Doppelfilets vorbereiten lassen und Köpfe und Gräten mitnehmen), 20 g klein gewürfelter Sellerie, 50 g grob geschnittene Karotten, 30 g fein geschnittener Porree, 50 g klein gewürfelte Zwiebel, 1 Lorbeerblatt, 2 Thymianzweige, 12 Essl. Olivenöl, 4 Essl. Sherryessig, 10 Fenchelsamen, 10 zerstoßene weiße Pfefferkörner, Salz, Pfeffer aus der Mühle, 4 in Ringe geschnittene frische Lauchzwiebeln, 2 entkernte, in feine Ringe geschnittene Chilischoten, 75 g gar gekochte, gehäutete Kerne von Dicken Bohnen

Sardinen im Kühlschrank aufbewahren. Sellerie, Karotten, Porree, Zwiebel, Lorbeer und Thymian in 2 Essl. Olivenöl anschwitzen. 8 Essl. Olivenöl langsam nachgießen. Sardinenköpfe und -gräten dazugeben. Bei niedriger Temperatur etwa 10 Minuten mitgaren. Danach auskühlen lassen. Abgekühlte Öl-Gemüse-Mischung mit Sherryessig, 4 Essl. Wasser, Fenchelsamen und Pfefferkörnern aufkochen. Salzen. 24 Stunden im Kühlschrank ziehen lassen.

Mit Salz und Pfeffer würzen. Restliche Fischhälften mit Salz und Pfeffer würzen. Mehlieren, in restlichem Olivenöl (3 Essl.) auf der Hautseite knusprig braten.

ANRICHTEN:

Je eine gebratene Fischhälfte auf einen Teller legen. Fischtatar mit zwei Esslöffeln in gleich große Nocken formen, je eine Nocke pro Teller anlegen. Gewürztes Tomatenconcassé mit einem Löffel verteilen. Tatar mit Basilikumstreifen garnieren.

WEINTIPPS:

○ 2000 Münsterer Dautenpflänzer Riesling Kabinett trocken, Kruger-Rumpf, Nahe
○○ 2001 Winninger Röttgen Riesling Qualitätswein, Weingut Heymann-Löwenstein, Mosel-Saar-Ruwer

Raó ist ein seltener Mittelmeerfisch, der in den Sommermonaten gefangen wird. Vor Mallorca findet man ihn noch. Der Preis ist zwar hoch, aber der feine, aromatische Geschmack des weißen Fleisches lohnt diese Investition allemal. Außerhalb Mallorcas lässt sich Raó durch Seezungenfilets ersetzen.

RAÓ-FISCH MIT
EIGENEM TATAR

Schwierigkeitsgrad: leicht, Zubereitungszeit: 1 Stunde

ZUTATEN FÜR 4 PERSONEN:

4 Raó (aus den Gewässern vor Mallorca;
ersatzweise 4 kleine Forellen oder Seezungen),
50 g Tomatenconcassé (kleine Würfel von gehäuteten
und entkernten Tomaten), 1 Essl. Sherryessig,
5 Essl. Olivenöl, 1 Essl. blanchierte kleine Schalottenwürfel,
Salz, Pfeffer aus der Mühle,
20 g klein gewürfelte rote Paprika,
30 g klein gewürfelte, entkernte Salatgurke,
1/2 Teel. Zitronensaft, 50 g Mehl,
4 in Längsstreifen geschnittene Basilikumblätter

Jeden Fisch nur auf einer Seite filetieren. Filet von der Haut befreien, klein würfeln. Die andere Hälfte mit Kopf und Schwanz beiseite stellen. Tomatenconcassé mit Sherryessig und 2 Essl. Olivenöl mischen. Schalottenwürfel unterheben. Mit Salz und Pfeffer würzen. Rohes gewürfeltes Filet mit Paprika, Gurke und Zitronensaft mischen.

Garnelen schmecken fangfrisch am besten *a la plancha,* mit etwas Öl heiß gebraten, als Tapa oder Vorspeise. In Spanien nennt man die kleineren Exemplare *gambas,* die größeren *langostinos* (Riesengarnelen). Tipp: Je dunkler der Kopf, desto älter das Tier.

Garnelenschwänze bis auf die Schwanzspitze aus den Schalen nehmen. In restlichem. Olivenöl (3 Essl.) 1–2 Minuten braten, 4 Köpfe mitbraten, salzen.

ANRICHTEN:

Je drei Babyfenchelhälften auf die Teller legen, je fünf Garnelenschwänze und je einen -kopf anlegen. Blanchierten Fenchel und Frühlingszwiebeln hinzufügen. Erwärmten Fond angießen, mit frittiertem Fenchel garnieren.

WEINTIPPS:

o 2000 Schales Weißburgunder Spätlese trocken, Weingut Schales, Rheinhessen
oo 1999 Hautes-Côtes de Nuits blanc, Jayer Gilles, Burgund, Frankreich

LANGOSTINOS IM
FENCHEL-KNOBLAUCH-
SAFRAN-SUD

Schwierigkeitsgrad: mittelschwer, Zubereitungszeit: 1 ¹/₂ Stunden

Fenchel harmoniert wunderbar mit allem, was aus dem Meer kommt. Sein würziger Anisgeschmack passt auch gut zu Mittelmeergemüsen wie Zucchini, Aubergine und Tomate. Eine längliche Variante mit feinerem Geschmack ist der Babyfenchel.

ZUTATEN FÜR 4 PERSONEN:

20 frische Garnelen, Salz, 13 Essl. Olivenöl,
3 ungeschälte Knoblauchzehen, ¹/₂ gewürfelte Zwiebel,
30 g geputzter Staudensellerie, 50 g klein geschnittener Fenchel,
1 geviertelte Tomate, 1 Teel. Fenchelsamen, 50 ml Noilly Prat,
0,125 l trockener Weißwein, 0,5 l Geflügelfond,
¹/₂ rohe Kartoffel, 1 Bouquet garni (je 1 Petersilienstängel,
Thymianzweig, Lorbeerblatt), 6 Safranfäden,
¹/₂ auf der Aufschnittmaschine längs in dünne Scheiben
geschnittener Fenchel, 6 blanchierte, halbierte Babyfenchel,
12 blanchierte Frühlingszwiebeln

Garnelen in Köpfe und Schwänze zerteilen. 4 Köpfe zur Garnitur aufheben. Die restlichen Köpfe in 5 Essl. Olivenöl anbraten. Salzen. Knoblauch, Zwiebel, Staudensellerie, Fenchel, Tomate und Fenchelsamen hinzufügen. Mit Noilly Prat ablöschen. Weißwein und Geflügelfond angießen. Einmal aufkochen. Rohe Kartoffel hineinreiben, Bouquet garni einlegen. Safranfäden einstreuen. Bei niedriger Temperatur 20 Minuten ohne Deckel köcheln lassen. Sud durch ein feines Sieb passieren. Vor dem Servieren erhitzen und mit 2 Essl. Olivenöl aufschlagen. Eine Hälfte der Fenchelscheiben blanchieren, die andere in 3 Essl. Öl kurz und scharf braten.

KABELJAU-ZUNGEN
IN DER EIHÜLLE

Schwierigkeitsgrad: leicht,
Zubereitungszeit: 45 Minuten plus 1 Stunde Marinierzeit

ZUTATEN FÜR 4 PERSONEN:

*16 Kabeljau-Zungen (beim Fischhändler vorbestellen, alternativ
Backen oder Stücke vom Rückenfilet), Salz, Pfeffer aus der Mühle,
4 Essl. Olivenöl, Saft von ½ Zitrone, 1 Essl. Mehl,
1 verquirltes Ei, 1 Essl. aufgeschlagene Sahne, 100 g Butter,
Filets von 1 Zitrone, 12 Kapernäpfel, 4 Essl. Tomatenconcassé
(kleine Würfel von enthäuteten und entkernten Tomaten),
1 große, klein gewürfelte und frittierte Kartoffel,
1 Essl. gezupfte glatte Petersilie*

Kabeljau-Zungen von ihrer Haut befreien. Salzen, pfeffern.
Mit 1 Essl. Olivenöl und Zitronensaft beträufeln. 1 Stunde
marinieren lassen. Zungen dann abtropfen lassen und mit Mehl
einstäuben, überschüssiges Mehl abklopfen. Ei mit Sahne
mischen. Mehlierte Zungen durch die Masse ziehen.
3 Essl. Olivenöl und die Butter in einer Pfanne erwärmen.
Kabeljau-Zungen in nicht zu heißer Butter-Olivenöl-Mischung
in etwa 10 Minuten hellbraun braten. Herausnehmen,
Öl-Butter-Mischung nochmals aufschäumen. Zitronenfilets,
Kapernäpfel, Tomatenconcassé und Kartoffelwürfel
beigeben und kurz erwärmen.

ANRICHTEN:

Je vier Kabeljau-Zungen auf einen Teller legen. Mit etwas
Gemüse-Mischung bedecken und mit Petersilie garnieren.

WEINTIPPS:

● 2000 Rosa del Golfo Rosato Alezio,
Michele Calò & Figli, Salento, Italien
○○ 2000 Redoma Branco, Niepoort Vinhos, Douro, Portugal

LANGUSTE MIT
SCHWEINSFUSS

Schwierigkeitsgrad: leicht, Zubereitungszeit: 2 Stunden

ZUTATEN FÜR 4 PERSONEN:

Schweinsfüße:

*8 gewaschene halbe Schweinsfüße à 250 g,
Salz, Pfeffer aus der Mühle, 5 Essl. Olivenöl,
280 g grob gehackte kleine weiße Zwiebeln,
150 g grob geschnittener Stangensellerie,
5 ausgedrückte Knoblauchzehen,
5 grob gehackte Tomaten, 0,2 l spanischer Weißwein,
3 Stiele Estragon, 2 Lorbeerblätter*

Schweinsfüße salzen und pfeffern. In einem großen
Bräter in Olivenöl anbraten. Zwiebeln, Stangensellerie
und Knoblauchzehen zugeben. Mit anbraten. Tomaten
hinzufügen, mit Weißwein ablöschen. Estragon
und Lorbeer einlegen. Alles mit Wasser bedecken,
salzen und pfeffern. Bei niedriger Temperatur
1 ½–2 Stunden köcheln lassen. Herausnehmen,
Weichteile von den Füßen lösen und klein schneiden.
Vor dem Servieren in 4 Essl. Sud erhitzen.

Langusten und weitere Zutaten:

*1 Bouquet garni (je 1 Stange Staudensellerie,
Karotte, Petersilienstängel), ½ l spanischer Weißwein,
1 geschälte Zwiebel, Salz, 20 weiße Pfefferkörner,
2 Langusten à ca. 600 g, 6 Essl. Butter,
50 g blanchierte, gehäutete und halbierte Kerne von
Dicken Bohnen, 4 frittierte Stiele Estragon*

5 l Wasser mit Bouquet garni, Weißwein, Zwiebel,
Salz und Pfefferkörnern aufkochen. Langusten
nacheinander mit dem Kopf zuerst hineingeben.
Bei geschlossenem Topf je nach Größe etwa 5 Minuten
kochen. 5 Minuten bei geringer Hitze ziehen lassen.
Dann etwas auskühlen lassen und mit einem schweren,
glatten Messer längs halbieren. Magen, Darm und
Corail entfernen. 1 Teel. Corail mit 2 Essl. flüssiger
Butter mischen. Langustenhälften auf der Schnittseite
in je 1 Essl. Butter kurz anbraten. Salzen.

ANRICHTEN:

Je eine Langustenhälfte auf eine Platte legen. An die
Stelle des Corail je zwei Esslöffel Schweinsfuß füllen.
Dicke Bohnen anlegen. Corail-Butter auf den Lan-
gusten und daneben verteilen. Mit Estragon garnieren.

WEINTIPPS:

○ 1997 Chardonnay, GIA Kellerei Tibor Gál,
Eger, Ungarn
○○ 1992 Château de Fieuzal Blanc,
Pessac-Léognan, Frankreich

Lebensmittelabteilungen; als Ersatz frische Paprika),
3 kleine, geputzte und klein gehackte Artischocken,
20 halbierte, gesäuberte Gambas,
330 g filetierter, gewürfelter Seehecht,
1 Fingerspitze zerriebene Safranfäden (ca. 12–14 Fäden),
1 Essl. Tomatenconcassé (kleine Würfel von
gehäuteten und entkernten Tomaten),
Gamba-Fond, 100 g gepalte Erbsen,
100 g blanchierte, gehäutete Kerne von Dicken Bohnen,
500 g Paella-Reis, 8 in Weißweinsud gegarte
Miesmuscheln, je nach Gusto 16 oder mehr
in Weißweinsud gegarte Venusmuscheln
(Sud: ½ l Weißwein, 1 l Wasser mit Thymian ca.
½ Stunde köcheln lassen), 25 g fein gehackte Petersilie

Öl in der Paella-Pfanne erhitzen. Schweinebauch und Kaninchenfleisch anbraten. Herausnehmen. *Chipirones* in dem Öl anbraten, ebenfalls herausnehmen.
Fleisch und *chipirones* salzen und pfeffern. Zwiebeln und Paprika in der Pfanne anbraten. Klein geschnittene Artischocken, Gambas und Seehecht dazugeben.
Mit Safran bestreuen. Tomatenconcassé, Fleisch und *chipirones* wieder in die Pfanne geben.
Fond angießen, sodass das Fleisch fast bedeckt ist.
Paella-Reis kreuzförmig einstreuen und vorsichtig unterrühren. Ca. ½ Stunde bei niedriger Hitze al dente kochen. Erbsen und Bohnen nach 20 Minuten hinzufügen. Nach weiteren 5 Minuten die geöffneten Muscheln dazugeben. Die Paella sollte nicht zu trocken sein. Wenn nötig, Gamba- oder Geflügelfond nachgießen. Petersilie unterheben.
Heiß in der Pfanne servieren.

WEINTIPPS:

○ 2000er Mas Mouriès blanc Vin de Pays,
Domaine Mas Mouriès,
Coteaux du Languedoc, Frankreich
●● 1998er Syrah Reservado,
Viña Errázuriz, Aconcagua Valley, Chile

PAELLA MIT KANINCHEN, GAMBAS UND SEEHECHT

Schwierigkeitsgrad: leicht, Zubereitungszeit: 1 ½–2 Stunden

ZUTATEN FÜR 6–8 PERSONEN:

Gamba-Fond:

10 Köpfe und Schalen von Gambas,
2 grob gehackte Zwiebeln,
2 Essl. Olivenöl, Salz, Pfeffer aus der Mühle,
0,5 l Weißwein, 1 l Wasser

Gambaköpfe und -schalen mit den Zwiebeln in Olivenöl anbraten. Salzen, pfeffern. Mit Weißwein ablöschen. Wasser angießen. Bei niedriger Temperatur ohne Deckel ½ Stunde köcheln lassen. Durch ein Sieb passieren.

Paella:

5 Essl. Olivenöl, 200 g gewürfelter Schweinebauch,
340 g gewürfeltes Kaninchenfleisch,
60 g geputzte chipirones (kleine Tintenfischart),
Salz, Pfeffer aus der Mühle, 120 g fein gehackte Zwiebeln,
50 g klein gehackte rote Paprika in Dosen aus Spanien
(pimientos de piquillo, erhältlich in gut sortierten

BACALAO-SALAT
MIT PAPRIKA

Schwierigkeitsgrad: mittelschwer, Zubereitungszeit: 2 ¹/₂ Stunden

ZUTATEN FÜR 4 PERSONEN:

*je 250 g entkernte rote und gelbe Paprika, Salz, Pfeffer aus
der Mühle, 0,25 l plus 5 Essl. Olivenöl, 2 Essl. Weißweinessig,
400 g bacalao (getrockneter Kabeljau, beim Fischhändler
bestellen; 24 Stunden wässern, Wasser 3–4mal austauschen),
je 1 ¹/₂ Essl. getrocknete weiße und schwarze Bohnen,
2 Bouquets garnis (je 1 Lorbeerblatt, Stangensellerie, Karotte),
1 geschälte Zwiebel, 2 Essl. geröstete Pinienkerne,
15 entkernte und halbierte schwarze Oliven, 1 Essl. Sherryessig,
je 1 abgezogene und in grobe Stücke geschnittene rote und
gelbe Paprika, 8 pimientos de Padrón (s. Foto unten, ersatzweise
grüne längliche Paprikaschoten), 3 Essl. Geflügelfond,
2 kleine gekochte Kartoffeln, 20 g Rucola,
10 zerstoßene schwarze Pfefferkörner*

Je 250 g rote und gelbe Paprika in den Entsafter geben.
0,25 l Olivenöl langsam in den Paprikasaft fließen lassen, aufschlagen. 2 Essl. Weißweinessig einrühren. *Bacalao* einlegen,
2 Stunden ziehen lassen. Schwarze und weiße Bohnen

Pimientos de Padrón sind vier bis fünf Zentimeter lange
grüne Paprikaschoten, die vor allem in Galicien angebaut werden.
Als Tapas (Rezept Seite 155) sind sie überall in Spanien beliebt:
Die fruchtig-scharfen Schoten werden gebraten mit Meersalz serviert.

Bacalao bedeutet Trockenfisch. Meist ist es Kabeljau, der
zuerst gesalzen und dann an der Luft getrocknet wird. „Grüner"
bacalao ist eine Variante: Der Fisch ist nicht ganz durchgetrocknet
und daher feiner im Geschmack und in der Konsistenz.

getrennt mit den Bouquets garnis und halber Zwiebel
ohne Salz etwa 1 ¹/₂ Stunden in Wasser garen, Wasser
abgießen, Bohnen salzen. Pinienkerne und Oliven mit
einer Marinade aus 2 Essl. Olivenöl und 1 Essl. Sherryessig
anmachen. Rote und gelbe Paprikastücke in
2 Essl. Olivenöl andünsten, mit Salz und Pfeffer würzen.
Pimientos de Padrón in 1 Essl. Olivenöl kurz
anbraten, salzen.

ANRICHTEN:

Bacalao aus der Marinade nehmen, auseinander zupfen.
Mit Paprikastücken, Kartoffelscheiben, Pinienkernen
und Oliven auf Tellern anrichten. Sechs Esslöffel Paprika-
marinade mit drei Esslöffeln Geflügelfond mischen, über
Fisch und Paprika gießen. Salat mit Rucola, Pfefferkörnern
und angebratenen *pimientos de Padrón* garnieren.

WEINTIPPS:

○ 2001 Regaleali Bianco Sicilia IGT,
Conte Tasca d'Almerita, Sizilien, Italien
○○ 2001 Semillon dry, Boekenhoutskloof,
Franschhoek, Südafrika

ROTBARBEN
MIT SERRANO-
SCHINKEN

**Schwierigkeitsgrad: leicht,
Zubereitungszeit: 45 Minuten**

ZUTATEN FÜR
4 PERSONEN:

*4 geputzte kleine Rotbarben à 240 g,
Salz, 4 dünne Scheiben Serrano-Schinken,
8 Essl. Olivenöl, 200 g in Scheiben
geschnittene weiße Zwiebeln,
80 g in Scheiben geschnittene Lauchstange,
80 g in Scheiben geschnittene Frühlingszwiebel, 2 geschälte Knoblauchzehen,
200 g Tomatenconcassé (kleine Würfel
von gehäuteten und entkernten Tomaten),
50 g in Wasser eingeweichte Rosinen,
50 g Pinienkerne, 80 g geputzte, in feine
Streifen geschnittene Artischockenböden,
200 g in Streifen geschnittene
Mangoldblätter, gezupfte Blättchen
von 1 Bund glatte Petersilie,
grober schwarzer Pfeffer und Meersalz*

4 Essl. Olivenöl in einem Topf erhitzen.
Weiße Zwiebeln, Lauch, Frühlingszwiebeln und Knoblauchzehen
anbraten. 6 Essl. Wasser, Tomatenconcassé, Rosinen, Pinienkerne und
Artischockenböden hinzufügen. Etwa
15 Minuten dünsten. Mangoldstreifen
und Petersilienblättchen hinzufügen.
Bei geschlossenem Topf nochmals
5 Minuten dünsten. Rotbarben salzen.
Mit Serrano-Schinken umwickeln.
4 Essl. Öl in einen Bräter geben.
Rotbarben einlegen. In den vorgeheizten Ofen (Oberhitze 200 Grad,
Unterhitze 250 Grad) schieben und die
Fisch auf jeder Seite 3 Minuten braten.

ANRICHTEN:

Auf die vorgewärmten Teller ein
Gemüsebett legen. Je eine Rotbarbe
darauf anrichten. Mit grobem
Pfeffer und Meersalz bestreuen.

WEINTIPPS:

● 2000 Moulin de Saint-Martin
Vin de Pays d'Oc, Domaine L'Aube
des Temps, Languedoc, Frankreich
∘∘ 2000 Fransola Sauvignon blanc
y Parellada, Miguel Torres,
Penedès, Spanien

in 0,25 l Weißwein und 0,25 l Wasser mit Thymian garen. Aus dem Sud nehmen und aus der Schale brechen. *Chipirones* in 1 Essl. Olivenöl anbraten, salzen. Ausgelöste Muscheln hinzufügen. Mit 2 Essl. Sud begießen. Gegarte Gnocchi, Thymian und Petersilie untermischen.

ANRICHTEN:

Gnocchi, Muscheln und *chipirones* auf Teller verteilen, mit frittierten Artischockenscheiben garnieren.

WEINTIPPS:

○ 2000 Trebbiano d'Abruzzo,
Orlandi Contucci Ponno, Abruzzen, Italien
○○ 1998 Château Latour-Martillac blanc,
Pessac-Léognan, Frankreich

SOBRASADA-
SCHUPFNUDELN
MIT CHIPIRONES
UND MUSCHELN

Schwierigkeitsgrad: mittelschwer, Zubereitungszeit: 1 Stunde

ZUTATEN FÜR 4 PERSONEN:

100 g klein geschnittene Sobrasada (mallorquinische Paprikastreichwurst), 2 gehackte Tomaten,
1 grob gehackte Zwiebel, 2 ungeschälte Knoblauchzehen,
3 Essl. Olivenöl, 50 g Ricotta,
160 g gekochte, noch heiß passierte Kartoffeln,
100 g Mehl, 30 g Kartoffelstärke,
2 Eigelb, Salz, 8 Miesmuscheln,
0,25 l Weißwein, 2 Thymianzweige,
160 g gesäuberte chipirones (kleine Tintenfischart),
1 Teel. fein gehackter Thymian,
1 Essl. fein gehackte glatte Petersilie,
2 in Scheiben geschnittene und frittierte junge Artischocken

Sobrasada, Tomaten, Zwiebel und Knoblauch in 2 Essl. Olivenöl anbraten. 5 Minuten köcheln lassen. Durch ein feines Sieb passieren. Sobrasada-Fond mit Ricotta, Kartoffeln, Mehl, Kartoffelstärke und Eigelb zu einem Teig vermengen. Nach Geschmack salzen. Teig zu knapp 1 cm dicken Rollen formen. In 4 cm lange Gnocchi-Stücke teilen. In reichlich Salzwasser etwa 3–4 Minuten garen. Gut abtropfen lassen. Miesmuscheln

ANRICHTEN:

Seehecht auf eine angewärmte Platte legen.
Venusmuscheln anlegen. Alles mit Sud übergießen.
Mit frittiertem Babyfenchel garnieren.

WEINTIPPS:

○ 2000 Dürkheimer Schenkenböhl Chardonnay
Spätlese trocken, Weingut Karl Wegner & Sohn, Pfalz
○○ 1999 Jurançon sec „Sève d'Automne", Domaine
Cauhapé, Südwestfrankreich

SEEHECHT IM OFEN

Schwierigkeitsgrad: leicht, Zubereitungszeit 40 Minuten

ZUTATEN FÜR 4 PERSONEN:

*1 Stück geschupptes, küchenfertiges Stück Seehecht (etwa 1,2 kg),
Salz, 5 Essl. Olivenöl, 500 g gesäuberte frische Venusmuscheln,
2 geschälte Knoblauchzehen, 3 Essl. gezupfte glatte
Petersilienblättchen und -stängel, 0,1 l trockener Weißwein,
15 geschälte, klein gehackte Mandeln, 80 g Tomatenconcassé
(kleine Würfel von gehäuteten und entkernten Tomaten),
1 gehackte Knoblauchzehe, 1 Essl. fein gehackte glatte Petersilie,
1 Babyfenchel, Pflanzenöl zum Frittieren*

Seehecht salzen, auf ein mit 3 Essl. Olivenöl bestrichenes
Backblech legen. Im vorgeheizten Ofen bei 160 Grad etwa
20–25 Minuten garen (Garzeit je nach Dicke des Fisches
variabel). 2 Essl. Olivenöl in einem Topf erhitzen.
2 Knoblauchzehen hinzufügen. Gezupfte Petersilienblättchen
und -stängel mit dem Weißwein dazugeben. 2 Minuten
köcheln lassen. Venusmuscheln in den Sud geben. Topfdeckel
schließen, Muscheln einmal aufkochen, in etwa 5–7 Minuten
bei mittlerer Hitze gar kochen. Alles durch ein Sieb geben,
Sud auffangen. Sud mit Mandeln, Tomatenconcassé,
gehackter Knoblauchzehe und der fein gehackten Petersilie
aufkochen. Babyfenchel mit einer Aufschnittmaschine
in feine Längsstreifen schneiden. In Pflanzenöl frittieren,
auf Küchenpapier abtropfen lassen und salzen.

MALLORQUINISCHES SPANFERKEL
AUS DEM OFEN

**Schwierigkeitsgrad: mittelschwer,
Zubereitungszeit: 2 Stunden**

ZUTATEN FÜR
4 PERSONEN:

*1 kg Spanferkelrücken mit Brust
und Bauchlappen,
500 g Spanferkelknochen,
1 altbackenes gewürfeltes Brötchen,
50 ml kalte Milch,
½ fein gewürfelte Zwiebel,
2 geviertelte große Champignons,
1 fein gehackte Knoblauchzehe,
50 g braune Butter,
1 Eigelb, Rührei von 1 Ei,
2 Essl. gehackte glatte Petersilie,
2 Teel. gehackter frischer
Majoran, Salz, Pfeffer aus
der Mühle, Muskat, Olivenöl
zum Einölen des Backblechs,
1 Knoblauchknolle,
2 ungeschälte Zwiebeln,
2 große, halbierte und gekochte
Kartoffeln, 4 Rosmarinzweige
zum Garnieren*

Bauchlappen an beiden Seiten
des Rückens abschneiden.
Beiseite stellen. Karree parieren.
Haut, Fleisch und Fett etwa
3 cm von den äußeren Knochen-
enden abnehmen. Aus den
Resten und ca. 300 g Knochen
einen Jus herstellen (mit wenig
Pflanzenöl im Ofen anrösten,
1 l Wasser dazugeben und bei
220 Grad 3 Stunden im Ofen
köcheln lassen). Für die
Bauchlappenfüllung Brötchen
in Scheiben schneiden und mit
Milch übergießen. Zwiebel,
Champignons und Knoblauch in
Butter dünsten, unter das Brot
heben. Eigelb, Petersilie und
Majoran vermengen. Mit Salz,
Pfeffer und Muskat abschmecken.
Das Rührei locker unter die
Brotmischung heben. Bauchlap-
pen innen und außen salzen und
pfeffern. Die Füllung auf beide
Innenseiten verteilen, einrollen,
Fleisch mit Zahnstochern
verschließen. Karree salzen und
pfeffern und mit der Brust

auf ein geöltes Backblech setzen. Die restlichen Knochen fürs Aroma dazulegen.
Im auf 120 Grad vorgeheizten Ofen 1 Stunde garen. Knoblauchknolle, Zwiebeln und
Kartoffelhälften hinzufügen. Temperatur auf 250 Grad erhöhen. Spanferkel bei
Oberhitze 30–35 Minuten fertig braten.

ANRICHTEN:

Pro Teller je ein Stück Karree auf einer halben Kartoffel anrichten. Ein Stück gefüllten
Bauchlappen daneben legen. Braten-Jus angießen, mit Rosmarinzweig garnieren.

WEINTIPPS:

- 1999 Hebsacker Lichtenberg Lemberger Qualitätswein trocken,
Weingut Jürgen Ellwanger, Württemberg
- ● 1998er Hermitage „De l'Orée", Domaine Chapoutier, Côtes du Rhône, Frankreich

Saft von 4 Orangen,
Saft von 2 Zitronen, 30 g Zucker

Orangen- und Zitronensaft
mit dem Zucker verrühren,
bis er aufgelöst ist. In einer
Sorbetmaschine oder im
Tiefkühlfach gefrieren lassen.

Weitere Zutaten:
2 Pfirsiche, Zesten von
1 ungespritzten Orange,
0,25 l Zuckersirup
(heller Karamell)

Pfirsiche blanchieren, schälen,
halbieren. Orangenzesten
im Zuckersirup weich köcheln.
Schalen herausnehmen.
Mit Hilfe eines Löffels vier
Gitter aus Zuckersirup
auf Backpapier fließen lassen.

ANRICHTEN:

Je einen halben Pfirsich mit
der Schnittseite nach oben in die
Mitte des Geleetellers setzen.
Gitter aus Zuckersirup auflegen.
Eine Nocke Sorbet auf das
Gitter legen, mit Orangenzesten
dekorieren. Restliche Sangria
als Aperitif servieren.

WEINTIPPS:

• Gramona Rosado brut
Pinot noir Reserva Cava, Cavas
Gramona, Penedès, Spanien
∞ 1996 Muskateller
Trockenbeerenauslese,
Weingut Dr. Heger, Baden

SANGRIA-GELEE
MIT ZITRUS-SORBET

Schwierigkeitsgrad: mittelschwer, Zubereitungszeit: 1 ¹/₂ Stunden plus Gefrierzeit

ZUTATEN FÜR 4 PERSONEN:

Gelee:
0,75 l trockener Rotwein, Saft von 2 Orangen,
200 g geputzte, halbierte Erdbeeren,
3 geschälte, klein geschnittene Pfirsiche, 0,6 l Zitronenlimonade,
4 Blatt weiße Gelatine (1 Blatt auf 0,1 l Sangria)

Rotwein mit Orangensaft mischen. Erdbeeren, Pfirsiche und
Zitronenlimonade hinzufügen. Etwa 30 Minuten ziehen lassen.
0,4 l mit Früchten abnehmen. 4 Blatt Gelatine einweichen, auflösen
und hinzufügen. Auf vier tiefe Teller verteilen, gelieren lassen.

ZUTATEN FÜR 4 PERSONEN:

100 g Zucker, 0,1 l Weißwein,
8 Aprikosen, 1 Essl. Noilly Prat,
125 g Milchreis,
1 l Milch, 2 Zimtstangen,
Mark von 1 Vanilleschote,
Schale von 1 ungespritzten Orange,
100 ml gesüßte, geschlagene Sahne,
Vanillestangen und
4 getrocknete Orangenschalenstücke
als Dekoration

100 g Zucker in einer Pfanne
karamellisieren. Mit Weißwein ablöschen.
Aprikosen entkernen und halbieren.
Kerne mit in die Pfanne geben und köcheln
lassen. Mit Noilly Prat ablöschen.
Aprikosen in die Pfanne geben, kurz
köcheln lassen. Kerne herausnehmen.
Milchreis in Wasser blanchieren, abgießen.
Reis in die Milch geben, einmal aufkochen
lassen. Zimtstangen, Vanillemark und
Orangenschale dazugeben. Reis bei
niedriger Temperatur quellen lassen, bis die
Milch absorbiert ist. Zimtstangen und
Orangenschale herausnehmen. Sahne unter
den Milchreis heben.

ANRICHTEN:

Abwechselnd Aprikosenkompott
und Milchreis in ein Glas füllen.
Mit Vanillestangen und getrockneter
Orangenschale (Zesten aus der
Schale einer ungespritzten Orange bei
90 Grad 4 Stunden im Ofen trocknen)
dekorieren.

WEINTIPPS:

○ 1997 Château Terrefort,
Loupiac, Frankreich
○○ 1999 Château de Malle,
Sauternes, Frankreich

KIRSCHKUCHEN
MIT MANDELN
Schwierigkeitsgrad: mittelschwer, Zubereitungszeit: 1 Stunde

ZUTATEN FÜR 4 PERSONEN:

0,25 l Milch, ¹/₂ Vanilleschote, 3 Eigelb, 60 g Zucker,
25 g Mehl, 25 g Butter, 100 g grob gemahlene Mandeln,
1 Essl. Sherry (Amontillado),
Butter zum Ausfetten der Förmchen,
12 Phylloteigblätter (15 x 15 cm, in türkischen Lebensmittelläden erhältlich),
240 g entkernte frische Süßkirschen, Puderzucker zum Bestäuben

Milch mit der Vanilleschote aufkochen, kurz ziehen lassen, Vanilleschote
entfernen. Eigelb mit Zucker verrühren. Mehl schnell in die kochende Milch
einrühren und unter ständigem Rühren einmal aufkochen lassen. Milch
und Eimasse in einen Topf zusammengießen und unter kräftigem Schlagen
2–3 Minuten erhitzen, bis das Mehl gebunden ist. Die Masse sollte Blasen
schlagen. Unter Rühren Butter, Mandeln und Sherry hinzufügen.
4 runde Förmchen von 12 cm Durchmesser buttern. Jedes mit 3 Schichten
Phylloteig auslegen. Der Teig sollte über den Rand stehen. In jedes
Förmchen etwa 60 g der Mandelcrememasse einfüllen. 60 g Kirschen
hinzufügen. Etwa 20 Minuten im vorgeheizten Ofen bei 180 Grad backen.

ANRICHTEN:

Mit Puderzucker bestäuben, lauwarm servieren.

TIPP:

Es ist einfacher und zeitsparend, den Kuchen in
einer großen Form zu backen.

WEINTIPPS:

○ 2000 Moscato d'Asti „Bricco Quaglia", La Spinetta,
Guiseppe Rivetti e Figli, Piemont, Italien
●● 1997 Moscato rosa, Castel Schwanburg, Südtirol, Italien

TAPAS

Die schönste ERFINDUNG zu Wein, Cava und Sherry:

abwechslungsreiche UND DEFTIGE Kleinigkeiten mit

RAFFINESSE zubereitet und ideal für Terrassenabende

TAPAS

Schwierigkeitsgrad: leicht,
Zubereitungszeit pro Portion:
zwischen 15 und 45 Minuten
plus Marinier- und Kochzeiten

ZUTATEN FÜR
4 PERSONEN

WEINTIPPS:

● 2001 Rosat Scala Dei, Celler
de Scala Dei, Priorat, Spanien
∘∘ Cava Parxet brut Reserva,
Parxet, Alella, Spanien

GEFÜLLTE
CHAMPIGNONS

100 g duxelles (fein gehackte
Champignons, Schalotten und Kräuter),
3 Essl. Olivenöl,
schwarzer Pfeffer aus der Mühle,
20 g klein gehackter Serrano-Schinken,
1 Essl. sehr fein gehackte Petersilie,
8 geschälte große Champignonköpfe

Duxelles in 1 Essl. Olivenöl anbraten.
Mit Pfeffer würzen. Mit Serrano-
Schinken und Petersilie mischen. In die
Champignonköpfe füllen. In 2 Essl.
Olivenöl etwa 2–3 Minuten braten.

GAMBA- UND
KANINCHEN-SPIESSE

80 g ausgelöster Kaninchenrücken mit Bauchlappen,
2 Essl. Olivenöl, Salz, Pfeffer aus der Mühle,
4 Gambas in der Schale, 4 Achtel vom Babyfenchel,
grobes Meersalz als Dekoration

Kaninchenrücken und Bauchlappen in 4 Streifen schneiden.
Bauchlappen so um die Rückenstreifen wickeln, dass
4 Rollen entstehen. In 1 Essl. Olivenöl rundherum etwa
3–4 Minuten braten. Salzen, pfeffern. Gambas salzen,
pfeffern, in 1 Essl. Olivenöl 2 Minuten braten und aus der
Schale lösen. Abwechselnd Gamba, Fenchel und Kaninchen
auf einen Spieß stecken. Spieße mit der Griffseite in ein
zur Hälfte mit grobem Meersalz gefülltes Glas stechen.

GEFLÜGELKROKETTEN

230 g klein gehacktes Geflügelfleisch, 0,125 l Béchamelsauce,
1 Eigelb, 3 fein gehackte Estragonblätter, 1 Teel. Zitronensaft,
Salz, Pfeffer aus der Mühle, 1 Prise Cayennepfeffer,
6 Essl. Paniermehl, 0,5 l Pflanzenöl zum Frittieren

Geflügelfleisch mit Béchamelsauce, Eigelb und Estragon
vermischen. Mit Zitronensaft, Salz, Pfeffer und
Cayennepfeffer abschmecken. Masse zu Kroketten formen.
In Paniermehl wälzen. In heißem Pflanzenöl etwa 5 Minuten
goldbraun frittieren. Auf Küchenkrepp abtropfen lassen.

OKTOPUS-SALAT

*1 küchenfertiger Oktopus, 150 g grob geschnittene Zwiebel,
Stangensellerie, Karotten, Salz, 2 abgezogene Knoblauchzehen,
1 Essl. schwarze Pfefferkörner, 1 Lorbeerblatt, 3 Essl. Olivenöl,
1 Teel. Rosenpaprika, 2 klein geschnittene Lauchzwiebeln, 2 klein gehackte
getrocknete Tomaten, 1 Spritzer Zitronensaft, Pfeffer aus der Mühle*

Oktopus mit kaltem Wasser bedecken, Gemüse, Salz, Knoblauch,
Pfefferkör,ner und Lorbeer einlegen. Einmal aufkochen.
Je nach Oktopusgröße 1 ½–2 Stunden bei milder Hitze ziehen lassen.
200 g vom gegarten Oktopus abnehmen und klein würfeln.
Den restlichen Oktopus für andere Gerichte nutzen. Olivenöl erhitzen,
Paprikapulver damit verrühren. Oktopus-Würfel hinzufügen,
anbraten. Lauchzwiebeln und Tomaten hinzufügen. Gut mischen.
Mit Zitronensaft, Salz und Pfeffer abschmecken.

AYO BLANCO – KNOBLAUCHSUPPE

*60 g geschälte Mandeln,
4 abgezogene Knoblauchzehen,
6 Weintrauben, 0,1 l Weißwein,
2 Essl. Olivenöl, 0,25 l Eiswasser,
Salz, Pfeffer aus der Mühle,
8 halbierte Weintrauben*

Mandeln und Knoblauch im Mixer pürieren.
Weintrauben, Weißwein und Olivenöl dazugeben,
ebenfalls pürieren. Masse in eine gekühlte
Schüssel geben. Eiswasser mit dem Schneebesen
unterrühren. Mit Salz und Pfeffer würzen.
Halbierte Weintrauben unterheben.
Gut gekühlt servieren.

VENUSMUSCHELN

*2 Essl. Olivenöl, 2 geschälte Knoblauchzehen,
3 Essl. gezupfte glatte Petersilienblättchen und
-stängel, 0,1 l trockener Weißwein,
500 g geputzte Venusmuscheln*

Olivenöl in einem Topf erhitzen, Knoblauchzehen
darin anschwitzen. Petersilie dazugeben und
Weißwein angießen. 1–2 Minuten köcheln lassen.
Muscheln hinzufügen. Im geschlossenen Topf einmal
aufkochen. Bei mittlerer Hitze etwa 5 Minuten garen.

OLIVEN-TAPENADE

150 g entkernte grüne und schwarze Oliven,
100 g getrocknete Tomaten, 2–3 Sardellenfilets,
1 Essl. Kapern, 1 abgezogene Knoblauchzehe,
Blättchen von 2 Thymianzweigen, 0,15 l Olivenöl,
Salz, Pfeffer aus der Mühle, Chilipulver

Alle Zutaten fein hacken. Mit Olivenöl mischen.
Mit Salz, Pfeffer und Chili abschmecken.

PA AMB OLI

4 Scheiben geröstetes mallorquinisches Brot
(salzloses Mischbrot), 1 geschälte Knoblauchzehe,
2 reife Tomaten, Salz,
schwarzer Pfeffer aus der Mühle,
2 Essl. Olivenöl, frische Rosmarinnadeln,
Thymianblättchen

Graubrot auf einer Seite mit Knoblauch
einreiben. Von den Tomaten einen Deckel
abschneiden. Graubrot mit dem
Tomateninneren einreiben. Salzen, pfeffern
und mit Olivenöl beträufeln. Nach Geschmack
mit Rosmarin oder Thymian würzen.

DATTELN MIT
SOBRASADA-FÜLLUNG

8 entkernte Datteln, 3 Essl. Sobrasada-Masse
(mallorquinische Paprikastreichwurst),
8 dünne Scheiben Bauchspeck, 1 Essl. Olivenöl

Datteln mit Sobrasada-Masse füllen. Mit Bauchspeck
umwickeln, mit einem Zahnstocher fixieren.
In Olivenöl etwa 4–5 Minuten bei niedriger Hitze braten.

PIMIENTOS DE PADRÓN

12 pimientos de Padrón (fruchtig-scharfe kleine grüne Paprikaschoten, s. S. 140, auf Vorbestellung erhältlich), 2 Teel. grobes Meersalz, 0,5 l Pflanzenöl

Pimientos de Padrón waschen, abtrocknen.
1–2 Minuten in heißem Öl scharf anbraten.
Mit Meersalz bestreut servieren.

GEBACKENER ZIEGENKÄSE

1 Knoblauchzehe, 4 kleine Ziegenfrischkäse,
Salz, Pfeffer aus der Mühle,
2 Thymianzweige, 1 Essl. Olivenöl

Eine Tonform mit der Knoblauchzehe ausreiben.
Ziegenkäse nebeneinander hineinsetzen.
Mit Salz und Pfeffer würzen.
Thymianzweige dazulegen. Olivenöl angießen.
Im vorgeheizten Ofen bei 200 Grad
etwa 5 Minuten erwärmen.

WACHTELN MIT DATTELN UND SOBRASADA

4 küchenfertige Wachteln, Salz, Pfeffer aus der Mühle,
4 entkernte Datteln, 4 Teel. Sobrasada (mallorquinische Paprikastreichwurst),
50 g gewürfeltes Putenfleisch, 50 ml Sahne, 4 Scheiben Speck,
3 Essl. Olivenöl, 2 Essl. geröstete Pinienkerne

Wachteln salzen, pfeffern. Datteln mit Sobrasada füllen. Putenfleisch mit der Sahne im Mixer zu einer glatten Farce mischen. Mit Salz und Pfeffer würzen. Je 1 Teel. in jede Wachtel geben. Je 1 gefüllte Dattel dazu. Wachteln mit Speck belegen und zusammenbinden. In Olivenöl rundum anbraten. Im vorgeheizten Ofen bei 200 Grad etwa 10 Minuten fertig braten. Mit Pinienkernen servieren.

Perlzwiebeln besitzen einen mild-süßen Geschmack und eignen sich sehr gut als Beilage zu gebratenem und geschmortem Fleisch. In Deutschland sind sie frisch selten auf den Märkten zu finden. Eingelegt im Glas werden sie als Essig- oder Silberzwiebeln angeboten.

REGISTER

REGISTER

IMPRESSUM

REZEPTE
Eckart Witzigmann

KOCHASSISTENZ UND STYLING
Roland Trettl, Steffen Kimmig, Alfred Miller,
Hannes Hell, Armin Leitgeb, Tobias Lichy,
Dorothea Waydsch, Chris Wilander,
Sascha Iowanovich, Markus Rönsch

FOTOS
Wolfgang Schardt
Assistenz: Wolfgang Tamm
Porträt Wolfgang Schardt: Monika Schürle
Porträt Paula Bosch: Regina Recht

LAYOUT
Jens Heerdmann

REDAKTION
Madeleine Jakits
Sabine Knappe

LEKTORAT
Sabine Michaelis
Cornelia Sahling

REQUISITE
Maria Grossmann
Janine Gretener

VERSUCHSKÜCHE
Heide Günter

PRODUKTION
Markus Plötz

REPRO
Repro Schmidt, Dornbirn

DRUCK
Appl, Wemding

ISBN 3-7742-0814-X

Auflage 6. 5. 4. 3. 2. 1.
Jahr 2005   2004   2003   2002

DIE FEINSCHMECKER-EDITION

**„Kap-Küche – Eine
kulinarische Reise
in die Kapprovinz
Südafrikas"**
von Ulrike Holsten
(ISBN 3–7742–4091–4)

**„Witzigmanns
junges Gemüse"**
(ISBN 3–7742–4092–2)

**„Stephan Marquards
Kochschule"**
(ISBN 3–7742–1608–8)

**„Eckart Witzigmann –
Crossover-Küche"**
(ISBN 3–7742–2055–7)

„5 Jahreszeiten",
Frauke Koops/
Ulrike Holsten
(ISBN 3–7742–3091–9)